La Mouette

Anton Tchékhov

La Mouette

Traduction d'Antoine Vitez

Préface d'Antoine Vitez
Commentaires et notes
de Patrice Pavis

Actes Sud

Né en 1947, ancien élève de l'École Normale Supérieure de Saint-Cloud, agrégé et docteur d'État, Patrice Pavis est l'auteur du *Dictionnaire du théâtre* (Éditions Sociales), de *Voix et Images de la scène* (P.U. Lille), de *Marivaux à l'épreuve de la scène* (Publications de la Sorbonne). Ses recherches et son enseignement à l'institut théâtral de la Sorbonne nouvelle portent sur la théorie du théâtre et la mise en scène contemporaine.

Patrice Pavis est le commentateur de *Cyrano de Bergerac* et du *Jeu de l'amour et du hasard* dans Le Livre de Poche.

Une nouvelle approche du théâtre

LE *théâtre est échange entre le comédien et le public*. Le Livre de Poche Classique, *en publiant une série « Théâtre », cherche à développer cette même complicité entre l'auteur et son lecteur.*

Nous avons donc demandé à des metteurs en scène, à des comédiens, à des critiques de présenter la pièce et de nous faire partager leur joie de créateur. N'oublions pas que le théâtre est un jeu, « une scène libre au gré des fictions », disait Mallarmé. L'acteur, en revêtant son costume, « change de dimension, d'espèce, d'espace » (Léonor Fini).

Ici, la préface crée l'atmosphère à laquelle est convié le lecteur.

Mais il fallait éclairer la pièce. On ne peut aborder avec profit les chefs-d'œuvre du répertoire sans connaître les circonstances de leur création, l'intrigue, le jeu des personnages, l'accueil du public et de la critique, les ressorts dramatiques. Nous avons laissé le lecteur à la libre découverte du texte, mais aussi, pour le guider, nous avons fait appel à des universitaires, tous spécialistes du théâtre.

Nous avons voulu, en regroupant en fin de volume les Commentaires et les Notes, débarrasser le texte de ses « spots » scolaires. Toutes les interrogations qu'un élève, qu'un étudiant ou qu'un lecteur exempt de contrainte peuvent se poser, sont traitées dans six rubriques. Une abondante annotation vient compléter cette analyse.

Notre souhait a été de créer pour le théâtre de véritables Livres de Poche ayant leur place dans notre série Classique.

L'ÉDITEUR.

Note du traducteur

Il m'a semblé utile de publier dans cette traduction française certaines variantes signalées dans l'édition des Œuvres complètes *de Tchékhov en trente tomes parue à Moscou en 1978.*

Ces variantes sont généralement antérieures au texte couramment connu, qui — dans presque tous les cas — donne des événements du récit un sens moins net, plus ambigu ou équivoque ; sans doute l'auteur a-t-il été soucieux, lors de la rédaction définitive de l'œuvre, de n'en jamais clore le sens.

Antoine Vitez

La Mouette, *dans la traduction publiée ici, a été donnée pour la première fois sur la scène du Théâtre National de Chaillot le 9 février 1984.*

*Mise en scène d'*Antoine Vitez
Scénographie et costumes de Yannis Kokkos
Musique de Bernard Cavanna
Chorégraphie de Milko Sparemblek
Lumière de Patrice Trottier
Assistante à la mise en scène : Kasia Škansberg
Assistant pour la scénographie et les costumes : Nicolas Sire

Préface

Le leurre du vide

Autrefois, il y a encore trente ans, le théâtre de Tchékhov semblait pour tout le monde extrêmement mystérieux, le sens du texte était impalpable, évanescent. *Ah! Tchékhov! quelle merveille, n'est-ce pas? quelle délicatesse! Mais trop de brume pour peu d'action! Les brumes du Nord, l'âme slave!* On disait cela, on entendait cela, on l'entend encore, et la conclusion était bien souvent que c'était quand même trop long, trop lent, qu'il fallait adapter cela au goût français (vous savez, *ce goût français si allègre, si vif, si ennemi des longueurs*), on suggérait quelques coupures.

Les premières représentations qui ont délivré à nouveau sur la scène française le sens vrai des œuvres de Tchékhov furent celles que donna Sacha Pitoëff, dans les années 50, reprenant les modèles qu'il tenait de son père. On ne leur rendra jamais assez hommage, à tous les deux.

Il restait cependant une certaine idée dans l'air : on aimait Tchékhov parce qu'on croyait qu'il ne voulait rien dire, ou qu'il voulait ne rien dire ; ou plutôt on croyait que les paroles apparemment inutiles, et sans intérêt, de ses personnages représentaient la vie même, la banalité, l'absurdité des conversations entendues par hasard, le Hasard enfin. On aimait Tchékhov comme on aime Apollinaire, le *Lundi rue Christine*, le collage arbitraire des mots quotidiens.

Mais on se trompait encore, car ce n'est pas vrai, et c'est presque décevant : rien n'est laissé au hasard, pas un mot qui n'ait du sens et ne donne quelques indications sur l'action ; tout à fait le contraire de ce qu'on aimait à croire : rien n'est vide.

Il se dégage même, à la lecture attentive de cette œuvre théâtrale, somme toute assez courte, une sorte de théorie de la vie entièrement explicable, sans ombre, et la sensation d'un acharnement sarcastique à démonter toutes les machines humaines, sans pitié, sans haine non plus, comme on regarde vivre les colonies d'insectes — et il est vrai qu'on finit par les aimer, je veux dire : les insectes.

La tragédie

Les tragédies ont lieu dans la cuisine, ou au jardin ; le monde des héros et des dieux est descendu parmi nous. Les grandes actions et les petites s'échangent sans cesse, il n'y a pas de noblesse des styles, les grandes figures mythologiques ne sont pas éloignées de nous, mais en nous. Oui, nous portons en nous-mêmes le roi Lear et Clytemnestre, dans nos actions les plus triviales. On croit communément que le temps des géants est passé, or nous valons bien les géants.

La présence de Shakespeare dans le théâtre de Tchékhov atteste ironiquement de cette grandeur des médiocres, ou de cette médiocrité des grands. *La Mouette* copie *Hamlet* qui copie *L'Orestie*. Égisthe ou Claudius ou Trigorine occupe indûment le lit de Clytemnestre ou Gertrude ou Arkadina ; il appartient à Oreste ou Hamlet ou Treplev d'abolir l'usurpateur et de tuer l'oppresseur. Une jeune fille, Ophélie ou Nina (ou la Gretchen de

Faust dont l'enfant aussi est mort), devient folle, mouil-
lée par la rivière ou par la pluie. Il y a encore Polonius,
ou Chamraïev, le père de l'autre jeune fille. Et le théâtre
dans le théâtre ! Et la grande scène entre la mère et le
fils, au troisième acte ! Mais rien de tout cela n'est réel :
Trigorine n'est pas un roi criminel, c'est un écrivain
connu et plein de talent, Arkadina est une actrice célèbre, Nina n'est pas folle. Toute cette mythologie n'est
que dans l'imagination du jeune homme romantique ; il
se tue, lui, au moins, vraiment, comme Werther et
comme Ivanov, méritant ainsi son titre de Hamlet russe
et faisant basculer d'un coup la comédie des gens ordinaires dans la vraie tragédie à l'ancienne manière.

Le petit théâtre
Le rôle et le personnage

Nous avons renversé l'image. Au Théâtre d'Art de
Moscou, dans la mise en scène de Stanislavski, la pièce
de Treplev se jouait dans le même sens que la pièce de
Tchékhov : le lac au fond, les spectateurs fictifs tour-
nant le dos aux spectateurs vrais, Nina jouant pour les
uns et les autres à la fois. Ici, les spectateurs nous regar-
dent, ils sont notre miroir, et Nina est au milieu des
deux publics. Étrange situation pour l'actrice : derrière
elle est assis le public du rôle, et devant elle celui du
personnage.

La pièce n'est pas ordinaire. Les spectateurs n'y comprennent rien — sauf le docteur, peut-être, un peu. Et
comme ils n'y comprennent rien, ils cherchent à quel
genre elle se rattache. *Le genre décadent*, dira Arkadina.
L'un d'entre eux ricane.

Une pièce d'amour

C'était bien, avant, Kostia ! Vous vous rappelez ?
Quelle vie lumineuse, chaude, heureuse, pure, quels sen-

timents — des sentiments semblables à des fleurs ten-
dres, gracieuses...

C'est ainsi que l'héroïne de la pièce se souvient du passé. Ce passé où *il y avait* des sentiments est le passé d'avant l'amour, avant que le Doit et l'Avoir de l'amour charnel ait détruit, justement, *les sentiments.*

Il est vrai cependant que *La Mouette* est une pièce d'amour. Mais c'est l'amour désintéressé, irréalisable, dérisoire (et pur parce qu'il est dérisoire et qu'aucune relation des corps n'est possible), celui du docteur Dorn (l'homme à femmes) pour le vieux Sorine (qui meurt de n'avoir jamais été aimé des femmes), et cet amour s'exprime par le sarcasme et le cynisme, mais c'est bien l'amour ; ou celui du même Sorine au moment de quitter le monde pour la jeune Nina lorsqu'elle y entre. Les amours des amants ne sont jamais l'amour. Ailleurs, peut-être, pas ici.

L'amour est ailleurs, caché — celui qu'on n'attendait pas.

Antoine VITEZ

La Mouette

Personnages :

IRINA NIKOLAIEVNA ARKADINA, Mme TREPLEV
par mariage, *actrice*

CONSTANTIN GAVRILOVITCH TREPLEV, *son fils,
jeune homme*

PIOTR NIKOLAIEVITCH SORINE, *son frère*

NINA MIKHAILOVNA ZARETCHNAIA, *jeune fille, fille
d'un riche propriétaire terrien*

ILIA AFANASSIEVITCH CHAMRAIEV, *lieutenant à la
retraite, intendant chez Sorine*

PAULINA ANDREIEVNA, *sa femme*

MACHA, *sa fille*

BORIS ALEXEIEVITCH TRIGORINE, *homme de lettres*

EVGUENI SERGUEIEVITCH DORN, *médecin*

SEMION SEMIONOVITCH MEDVEDENKO, *instituteur*

IAKOV, *homme de peine*

Un cuisinier

Une femme de chambre

*L'action se passe dans la propriété de Sorine.
Deux ans s'écoulent entre le troisième acte et le quatrième.*

Acte I

Coin de parc dans la propriété de Sorine. Une large allée partant du public et traversant le parc jusqu'à un lac est barrée par une estrade hâtivement dressée pour un spectacle d'amateurs, si bien que le lac est entièrement invisible. A droite et à gauche de l'estrade, des buissons. Quelques chaises, une petite table.

Le soleil vient de se coucher. Sur l'estrade, derrière le rideau baissé, Iakov, avec d'autres ouvriers ; on entend tousser, frapper des coups de marteau.

Macha et Medvedenko arrivent par la gauche, revenant de promenade.

MEDVEDENKO. Pourquoi êtes-vous toujours en noir ?

MACHA. C'est le deuil de ma vie. Je suis malheureuse.

MEDVEDENKO. Pourquoi ? *(Hésitant.)* Je ne comprends pas... Vous êtes bien portante, votre père, c'est vrai, n'est pas riche, mais il est à son aise. J'ai une vie autrement plus difficile que la vôtre. Je ne gagne que vingt-trois roubles par mois, et on me retient encore là-dessus pour la Caisse de retraite, pourtant je ne porte pas le deuil.

Ils s'assoient.

MACHA. Ce n'est pas une question d'argent. Un pauvre peut être heureux.

MEDVEDENKO. En théorie, oui, mais dans la pratique c'est autre chose : il y a moi, il y a ma mère, il y a mes deux sœurs et mon petit frère, avec un traitement de vingt-trois roubles. Il faut bien manger et boire ? Et le thé et le sucre, non ? Et le tabac, non ? Allez vous débrouiller avec ça !

MACHA, *promenant son regard sur l'estrade.* Le spectacle va bientôt commencer.

MEDVEDENKO. Oui. C'est Zaretchnaïa qui joue, et la pièce est de Constantin Gavrilovitch. Ils s'aiment, et aujourd'hui leurs âmes se confondront dans le désir de donner ensemble une seule et même image d'art. Mon âme et la vôtre n'ont aucun point de contact. Je vous aime, je suis si tourmenté que je ne peux pas rester chez moi ; chaque jour je fais six verstes à pied jusqu'ici, et six pour rentrer, et je ne rencontre qu'indifférence de votre part. Cela se comprend. Je n'ai pas de moyens, j'ai une famille trop nombreuse... A quoi bon épouser un homme qui n'a pas de quoi manger lui-même ?

MACHA. Des bêtises. *(Elle prise du tabac.)* Votre amour me touche, mais je ne peux pas y répondre en retour, voilà tout. *(Elle lui tend la tabatière.)* S'il vous plaît.

MEDVEDENKO. Je n'ai pas envie.

   Un temps.

MACHA. Il fait lourd, il y aura sans doute un orage cette nuit. Vous ne faites que philosopher ou parler d'argent. Pour vous, il n'y a pas de plus grand malheur que la pauvreté, mais pour moi il vaut mieux mille fois être en haillons et mendier que... De toute façon vous ne comprendrez pas...

   Entrent, du côté droit, Sorine et Treplev.

SORINE, *s'appuyant sur sa canne.* Moi, mon ami, à la cam-

Stanislavski et Tchékhov (au centre) avec les acteurs de
La Mouette (1899).

pagne, il y a quelque chose qui ne me convient pas, et, de toute évidence, je ne m'habituerai jamais ici. Hier, je me suis couché à dix heures, et ce matin je me suis levé à neuf heures avec l'impression que d'avoir longtemps dormi j'avais la cervelle collée au crâne, et tout à l'avenant. *(Il rit.)* Après le déjeuner je me suis endormi sans m'en rendre compte, à présent je suis complètement brisé, je vis un cauchemar, à la fin des fins...

TREPLEV. C'est vrai, toi, tu as besoin de vivre en ville. *(Ayant aperçu Macha et Medvedenko.)* Écoutez, on vous appellera quand ça commencera, pour le moment il ne faut pas rester ici. Allez-vous-en, je vous en prie.

SORINE, *à Macha.* Maria Ilinitchna, soyez assez bonne pour demander à votre papa qu'il fasse en sorte qu'on détache le chien, sinon il hurle. Ma sœur n'a encore pas dormi de la nuit.

MACHA. Parlez à mon père vous-même, moi je ne le ferai pas. Épargnez-moi cela s'il vous plaît. *(A Medvedenko.)* Allons !

MEDVEDENKO, *à Treplev.* Alors vous nous ferez prévenir avant que ça commence.

    Tous deux sortent.

SORINE. Ce qui veut dire que le chien va encore hurler toute la nuit. C'est un monde, jamais je n'ai pu vivre à la campagne comme je voulais. Autrefois, quand il m'arrivait de prendre mon congé de vingt-huit jours et de venir ici pour me reposer, tout simplement, on me fatiguait d'une telle quantité de sottises que dès le premier jour j'avais envie de me sauver. *(Il rit.)* Je suis toujours parti d'ici avec plaisir... Bon, seulement maintenant je suis à la retraite, je n'ai nulle part où aller, à la fin des fins. Bon gré mal gré, il faut rester là...

IAKOV, *à Treplev.* Constantin Gavrilovitch, nous allons nous baigner.

TREPLEV. Bien, mais dans dix minutes il faut être en place. *(Il regarde sa montre.)* On commence bientôt.

IAKOV. Bien, monsieur.

   Il sort.

TREPLEV, *parcourant des yeux l'estrade.* Voilà, c'est un théâtre. Le rideau, puis la première coulisse, puis la seconde, et puis l'espace vide. Aucun décor. La vue donne directement sur le lac et sur l'horizon. On ouvrira le rideau à huit heures et demie précises, quand la lune se lèvera.

SORINE. Grandiose.

TREPLEV. Si Zaretchnaïa est en retard, alors évidemment tout l'effet sera manqué. Elle devrait déjà être là. Son père et sa belle-mère la surveillent, et elle a autant de mal à s'échapper de chez elle que d'une prison. *(Il arrange la cravate de son oncle.)* Tu as les cheveux et la barbe tout ébouriffés. Tu devrais te les faire un peu couper, je ne sais pas...

SORINE, *peignant sa barbe.* La tragédie de ma vie. Même dans ma jeunesse j'avais cette allure-là : l'air d'un ivrogne. Les femmes ne m'ont jamais aimé. *(S'asseyant.)* D'où vient que ma sœur est de mauvaise humeur ?

TREPLEV. D'où ça vient ? Elle s'ennuie. *(S'asseyant à côté de Sorine.)* Elle est jalouse. Elle est déjà à la fois contre moi, et contre le spectacle, et contre ma pièce, *parce que ce n'est pas elle qui joue, mais Zaretchnaïa*[1]. Elle ne connaît pas ma pièce, mais d'avance elle la déteste.

SORINE *rit.* Tu te fais des idées, vraiment...

TREPLEV. Elle est déjà vexée que sur une petite scène comme celle-ci le succès soit pour Zaretchnaïa et pas

pour elle. *(Il regarde sa montre.)* Curiosité psychologique, ma mère. Un talent indiscutable, intelligente, capable de sangloter en lisant un livre, elle vous récitera tout
Nékrassov par cœur, elle s'occupe des malades comme
un ange ; mais essayez de faire devant elle l'éloge de la
Duse ! Oh ! oh ! C'est son éloge à elle qu'il faut faire,
c'est d'elle qu'il faut écrire, s'exclamer, s'extasier, pour
son jeu extraordinaire dans *La Dame aux camélias* ou
L'Ivresse de la vie ; mais comme, ici, à la campagne,
cette drogue lui manque, alors elle s'ennuie, elle s'irrite,
et tous nous sommes ses ennemis, tous coupables. En
plus, elle est superstitieuse, elle a peur des trois bougies[1],
du nombre treize. Elle est avare. A sa banque, à Odessa,
elle a soixante-dix mille roubles, je le sais bien. Mais
dès qu'on veut lui emprunter de l'argent, elle se met à
pleurer.

SORINE. Tu te figures que ta pièce ne plaît pas à ta mère, et
tu t'énerves, et voilà tout. Calme-toi, ta mère t'adore.

TREPLEV, *en effeuillant une fleur.* Elle m'aime, un peu,
beaucoup, passionnément, à la folie, pas du tout. *(Il rit.)*
Tu vois, ma mère ne m'aime pas. Pense donc ! Elle a
envie de vivre, d'aimer, de porter des toilettes claires, et
moi j'ai vingt-cinq ans et je lui rappelle constamment
qu'elle n'est plus jeune. Quand je ne suis pas là, elle n'a
que trente-deux ans, en ma présence quarante-trois, et
c'est pour ça qu'elle me hait. Elle sait aussi que je ne
reconnais pas le théâtre. Elle, elle aime le théâtre, elle
croit qu'elle sert l'humanité, la cause sacrée de l'art, et
moi je pense que le théâtre contemporain n'est que routine et préjugés. Quand le rideau se lève, et qu'on voit
une chambre à trois murs, dans un éclairage crépuscu-
laire, où ces grands talents, ces prêtres de l'art sacré
représentent des gens qui mangent, boivent, aiment,
marchent, portent leurs vestons ; quand ils essaient de

pêcher dans ces images et ces phrases vulgaires une
morale — une morale mesquine, bien facile à comprendre, utile pour l'usage domestique ; quand on me ressert
toujours la même chose sous mille variations, toujours
la même chose, eh bien je m'enfuis, je m'enfuis, comme
Maupassant fuyait la tour Eiffel[1] qui lui écrasait le cer-
veau de sa vulgarité.

SORINE. On ne peut pas se passer du théâtre.

TREPLEV. Il faut de nouvelles formes. De nouvelles formes, oui, et s'il n'y en a pas, mieux vaut rien du tout. *(Il
regarde sa montre.)* J'aime ma mère, je l'aime fort ; *mais
elle mène une vie sans queue ni tête, elle ne s'occupe que
de cet homme de lettres*[2], son nom traîne constamment
dans les journaux, et cela m'accable. Parfois c'est tout
bonnement l'égoïsme d'un simple mortel qui parle en
moi ; souvent je regrette d'avoir pour mère une actrice
connue, et il me semble que, si c'était une femme ordinaire, je serais plus heureux. Mon oncle, peut-il y avoir
de situation plus désespérante et plus bête ? Combien de
fois il lui est arrivé de recevoir des célébrités, des artistes, des écrivains, et au milieu d'eux il n'y a que moi
pour n'être rien, et on ne me tolère que parce que je suis
son fils. Qui suis-je ? Que suis-je ? J'ai quitté l'Université en troisième année *pour des raisons*, comme on dit,
indépendantes de la volonté de la rédaction, je n'ai aucun
talent, pas un sou vaillant, et sur mon passeport je suis
bourgeois de Kiev[3]. Car mon père était *bourgeois de
Kiev*, et pourtant lui aussi était un acteur connu. Eh
bien, dans son salon, quand tous ces artistes, tous ces
écrivains tournaient vers moi leur bienveillante attention, j'avais l'impression qu'ils mesuraient de leurs
regards ma propre insignifiance, je devinais leurs
pensées et je souffrais d'humiliation.

SORINE. A propos, dis-moi, s'il te plaît, *quelle sorte*

d'homme est-ce, cet homme de lettres[1] ? Difficile à comprendre. Il ne dit jamais rien.

TREPLEV. Un homme intelligent, très simple, un peu — vois-tu — mélancolique. Très correct. Il est loin d'avoir quarante ans, mais il est déjà célèbre et comblé, comblé jusqu'à la gorge[2]... Pour ce qui est de ses écrits, c'est... comment te dire ? Aimable, plein de talent... mais... après Tolstoï et Zola on n'a pas envie de lire Trigorine.

SORINE. Moi, mon ami, j'aime les littérateurs. Dans le temps, je voulais passionnément deux choses : je voulais me marier et je voulais devenir littérateur, mais je n'ai réussi ni l'une ni l'autre. Oui. N'être même qu'un petit littérateur, c'est agréable à la fin des fins.

TREPLEV *tend l'oreille.* J'entends des pas... *(Il prend son oncle dans ses bras.)* Je ne peux pas vivre sans elle... même le bruit de ses pas est beau... Je suis heureux follement. *(Il va rapidement à la rencontre de Nina Zaretchnaïa, qui entre.)* Enchanteresse, mon rêve...

NINA, *émue.* Je ne suis pas en retard... Certainement pas, je ne suis pas en retard...

TREPLEV, *lui baisant les mains.* Non, non, non...

NINA. J'ai été inquiète toute la journée, j'avais si peur ! Je craignais que mon père ne me laisse pas venir... Mais il est parti en voiture avec ma belle-mère. Le ciel est rouge, la lune se lève, j'ai poussé le cheval, j'ai poussé le cheval. *(Elle rit.)* Mais je suis contente. *(Elle serre fort la main de Sorine.)*

SORINE *rit.* On dirait que ces petits yeux ont pleuré... Hé ! hé ! Ce n'est pas bien !

NINA. C'est comme ça... Vous voyez comme j'ai du mal à respirer. Dans une demi-heure je pars, il faut se dépêcher. Non, non, pour l'amour de Dieu, n'essayez pas de me retenir plus longtemps. Mon père ne sait pas que je suis ici.

TREPLEV. En effet, il est temps de commencer. Il faut aller appeler tout le monde.

SORINE. J'y vais, et voilà tout. A l'instant. *(Il va vers la droite et chante* Les Deux Grenadiers[1]. *Se retourne.)* Un jour où je chantais comme ça, le substitut du procureur m'a dit : « Mais dites-moi, Excellence, vous avez une voix très forte... » Puis il a réfléchi et il a ajouté : « Mais... désagréable. »

Il rit et sort.

NINA. Mon père et sa femme ne veulent pas que je vienne ici. Ils disent que c'est la bohème ici... ils ont peur que je devienne actrice... Mais je suis attirée par ce lac comme une mouette... Mon cœur est plein de vous.

Elle regarde autour d'elle.

TREPLEV. Nous sommes seuls.

NINA. On dirait qu'il y a quelqu'un, là...

TREPLEV. Personne.

Ils s'embrassent.

NINA. C'est quel arbre ?

TREPLEV. Un orme.

NINA. Pourquoi est-il si sombre ?

TREPLEV. C'est le soir, toutes les choses deviennent sombres. Ne partez pas si tôt, je vous en supplie.

NINA. C'est impossible.

TREPLEV. Et si j'allais chez vous, Nina ? Je resterai toute la nuit dans le jardin à regarder votre fenêtre.

NINA. C'est impossible, le gardien vous verra. Trésor n'est pas encore habitué à vous, il aboiera.

TREPLEV. Je vous aime.

NINA. Chut...

TREPLEV, *entendant des pas.* Qui est là ? C'est vous, Ia-kov ?

IAKOV, *derrière l'estrade.* Oui, monsieur.

TREPLEV. Vous avez l'alcool ? Vous avez le soufre ? S'il vous plaît, au moment des yeux rouges, il faut que ça sente le soufre. *(A Nina.)* Allez-y, tout est préparé. Vous êtes émue ?...

NINA. Oui, très. Votre mère, ce n'est rien, je n'ai pas peur d'elle, mais il y a Trigorine... Jouer devant lui, ça me fait peur, ça me fait honte... Un écrivain célèbre... Il est jeune ?

TREPLEV. Oui.

NINA. Comme ses récits sont merveilleux !

TREPLEV, *froid.* Je ne sais pas, je ne les ai pas lus.

NINA. Votre pièce est difficile à jouer. Il n'y a pas de personnages vivants.

TREPLEV. Des personnages vivants. Il faut représenter la vie non pas telle qu'elle est, et non pas telle qu'elle doit être, mais telle qu'elle apparaît dans les rêves.

NINA. Votre pièce n'a pas beaucoup d'action, c'est une récitation seulement. Et pour moi, dans une pièce, il doit y avoir forcément de l'amour...

Tous deux disparaissent derrière l'estrade. Entrent Paulina Andréievna et Dorn.

PAULINA ANDREIEVNA. Il commence à faire humide. Retournez mettre vos caoutchoucs.

DORN. J'ai assez chaud.

PAULINA ANDREIEVNA. Vous ne prenez pas soin de

vous. C'est de l'entêtement. Vous êtes docteur et vous
savez parfaitement que l'air humide vous fait du mal,
mais vous aimez me faire souffrir ; vous êtes resté
exprès toute la soirée d'hier sur la terrasse...

DORN, *chantonnant.* « *Ah ! surtout ne me dites pas / Que
j'ai gaspillé ma jeunesse*[1]. »

PAULINA ANDREIEVNA. Vous étiez si passionné par la
conversation avec Irina Nikolaievna... vous ne vous êtes
pas aperçu du froid. Avouez-le, elle vous plaît...

DORN. J'ai cinquante-cinq ans.

PAULINA ANDREIEVNA. Des bêtises ; pour un homme ce
n'est pas vieux. Vous êtes très bien conservé et vous
plaisez encore aux femmes.

DORN. Enfin qu'est-ce que vous voulez ?

PAULINA ANDREIEVNA. Devant une actrice, vous êtes
tous prêts à vous prosterner. Tous !

DORN, *chantonnant.* « *Me voici de nouveau devant toi*[2]... »
En société, si on aime les artistes et si on se comporte
autrement avec eux qu'avec les commerçants, par exemple, eh bien, c'est dans l'ordre des choses. C'est ça,
l'idéalisme.

PAULINA ANDREIEVNA. Les femmes se sont toujours
amourachées de vous et se sont toujours jetées à votre
cou. Ça aussi, c'est l'idéalisme ?

DORN, *haussant les épaules.* Et alors ? Dans l'attitude des
femmes envers moi, il y avait beaucoup de bonnes choses. Ce qu'elles aimaient surtout en moi, c'était le bon
médecin. Il y a dix ou quinze ans, souvenez-vous, j'étais
le seul accoucheur sérieux de toute la région. Par ailleurs
j'ai toujours été un honnête homme.

PAULINA ANDREIEVNA *lui saisit la main.* Mon très
cher !

DORN. Moins fort. On vient.

Entrent Arkadina au bras de Sorine, et Trigorine, Chamraiev, Medvedenko, Macha.

CHAMRAIEV. En 1873, à Poltava, pendant la foire, elle a joué d'une façon extraordinaire. Un enthousiasme ! Elle jouait merveilleusement. N'auriez-vous pas l'amabilité de me dire ce qu'est devenu Tchadine, le comique, Pavel Sémionovitch ? Dans Raspliouev[1] il était inimitable, mieux que Sadovski[2], je vous jure, chère madame. Où est-il, à présent ?

ARKADINA. Vous me posez toujours des questions sur des gens d'avant le déluge. Comment voulez-vous que je le sache ?

Elle s'assied.

CHAMRAIEV, *après un soupir.* Pachka Tchadine ! Des gens comme ça il n'y en a plus maintenant. C'est la fin du théâtre, Irina Nikolaievna ! Autrefois, il y avait des chênes puissants, il ne reste plus que des souches.

DORN. Il est vrai que les talents brillants sont moins nombreux aujourd'hui, mais le niveau moyen de l'acteur s'est tellement élevé !

CHAMRAIEV. Je ne puis être d'accord avec vous. Du reste, c'est une question de goûts. *De gustibus aut bene, aut nihil*[3].

Treplev apparaît de derrière l'estrade.

ARKADINA, *à son fils.* Mon cher fils, est-ce que ça va bientôt commencer ?

TREPLEV. Dans une minute. Un peu de patience.

ARKADINA, *citant* Hamlet. « Mon fils, tu as tourné mes yeux vers le fond de mon âme, et j'y ai vu de si sanglantes taches, si mortelles : rien ne pourra les effacer ! »

TREPLEV, *citant* Hamlet. « Et pourquoi t'es-tu abandonnée au vice ? Pourquoi as-tu cherché l'amour dans le gouffre du crime ? » *(On entend le son du cor derrière l'estrade.)* Mesdames, messieurs, on commence ! Attention, s'il vous plaît ! *(Un temps.)* Je commence. *(Il frappe avec un bâton et, d'une voix forte.)* Oh ! vous, vieilles ombres vénérées mouvantes nuitamment au-dessus de ce lac, faites-nous dormir, alors en songe puissions-nous voir ce qu'il y aura dans deux cent mille ans !

SORINE. Dans deux cent mille ans il n'y aura rien.

TREPLEV. Eh bien, qu'on nous montre ce rien.

ARKADINA. Soit. Nous dormons.

Le rideau se lève ; on découvre la vue du lac ; la lune est sur l'horizon, elle se reflète dans l'eau. Nina Zaretchnaïa, vêtue de blanc, est assise sur une grosse pierre.

NINA. Hommes, lions, aigles et perdrix, cerfs aux longs bois, oies, araignées, poissons silencieux habitant dans l'eau, étoiles de mer et ceux que l'œil ne peut voir — en un mot toutes les vies, toutes les vies, toutes les vies, ayant accompli leur triste cycle se sont éteintes... Depuis des milliers de siècles la terre ne porte plus aucun être vivant, et cette pauvre lune en vain allume son fanal. Dans la prairie les grues ne poussent plus le cri de leur éveil, et l'on n'entend plus les hannetons dans les tilleuls. Le froid, le froid, le froid. Le vide, le vide, le vide. La peur, la peur, la peur. *(Un temps.)* Les corps des êtres vivants se sont dissipés en cendres, et la matière éternelle les a convertis en pierres, en eau, en nuages, et toutes leurs âmes ne sont plus qu'une. L'Ame commune universelle, c'est moi... moi... En moi l'âme d'Alexandre le Grand et de César et de Shakespeare et de Napoléon et de la moindre des sangsues. En moi les consciences des hommes se sont unies aux instincts des bêtes, et je

me souviens de tout, tout, tout, et en moi-même à neuf
je revis chaque vie.

Apparition des feux follets.

ARKADINA, *bas.* C'est dans le genre décadent.

TREPLEV, *implorant et d'un air de reproche.* Maman !

NINA. Je suis seule. Une fois tous les cent ans, j'ouvre la
bouche pour parler, et ma voix résonne tristement dans
ce vide, et personne n'entend... Vous non plus, blêmes
lumières, vous ne m'entendez pas... Enfantés avant
l'aube par le marais putride, vous errez jusqu'au jour,
mais sans la pensée, sans la volonté, ni le frémissement
de la vie. Craignant qu'en vous la vie surgisse, le père de
la matière éternelle, Diable, à chaque instant provoque
en votre sein, comme au sein des pierres et de l'eau,
l'échange des atomes, et vous changez sans cesse. Dans
l'Univers demeure immuable et constant, seul, l'Esprit.
(Un temps.) Tel un captif jeté dans un profond puits
vide, je ne sais où je suis ni ce qui m'attend. L'unique
chose qui ne me soit cachée, c'est que dans la lutte opi-
niâtre et cruelle avec Diable, principe des forces matérielles, il m'est imparti de vaincre, et qu'après, la matière et l'esprit s'uniront en harmonie superbe, et
adviendra le règne de la liberté universelle. Mais cela
sera seulement lorsque peu à peu, à travers une longue,
longue suite de millénaires, la lune et le clair Sirius et la
terre seront devenus poussière... Et jusqu'à ce temps,
l'horreur, l'horreur... *(Un temps ; au fond apparaissent
deux points rouges.)* Voici venir mon puissant adver-
saire, Diable. Je vois ses yeux terribles, pourpres...

ARKADINA. Ça sent le soufre. Est-ce bien nécessaire ?

TREPLEV. Oui.

ARKADINA *rit.* Oui, c'est un effet.

TREPLEV. Maman !

NINA. Il s'ennuie sans l'homme...

PAULINA ANDREIEVNA, *à Dorn.* Vous avez enlevé votre chapeau. Couvrez-vous, vous allez prendre froid.

ARKADINA. C'est devant le Diable que le docteur a ôté son chapeau, devant le père de la matière éternelle.

TREPLEV, *s'emportant, très fort.* La pièce est finie ! Ça suffit ! Rideau !

ARKADINA. Pourquoi te fâches-tu ?

TREPLEV. Ça suffit ! Rideau ! Baissez le rideau ! *(Il tape du pied.)* Rideau ! *(Le rideau tombe.)* Je vous demande pardon ! J'ai oublié que seuls quelques élus peuvent écrire des pièces et jouer sur une scène. J'ai brisé le monopole ! Moi... je...

Il veut dire encore quelque chose, mais fait un geste de découragement et sort par la gauche.

ARKADINA. Qu'est-ce qu'il a ?

SORINE. Irina, ma chérie, il ne faut pas traiter ainsi un jeune amour-propre.

ARKADINA. Qu'est-ce que je lui ai dit ?

SORINE. Tu l'as blessé.

ARKADINA. Il avait annoncé lui-même que c'était une plaisanterie, j'ai traité sa pièce comme une plaisanterie...

SORINE. Tout de même...

ARKADINA. Maintenant il paraît qu'il aurait écrit une grande œuvre ! Je vous demande un peu ! Cela signifie qu'il a organisé ce spectacle et qu'il nous a enfumés de vapeurs de soufre non pas pour une plaisanterie mais pour une démonstration... Il voulait nous enseigner comment on doit écrire et ce qu'il faut jouer. A la fin ça devient ennuyeux. Ces perpétuelles sorties contre moi, ces coups d'épingle, vous conviendrez que ça lasserait n'importe qui ! C'est un gamin capricieux, prétentieux.

SORINE. Il voulait te faire plaisir.

ARKADINA. Oui ? Et pourtant il n'a pas choisi une quelconque pièce ordinaire, il nous a obligés à écouter ce délire décadent. Si on me dit que c'est une plaisanterie, je peux bien écouter un délire, pourquoi pas ? Mais là, il y a des prétentions aux nouvelles formes, à une ère nouvelle dans l'art. Et moi de nouvelles formes je n'en vois aucune là-dedans, juste un vilain caractère.

TRIGORINE. Chacun écrit comme il veut et comme il peut.

ARKADINA. Qu'il écrive comme il veut et comme il peut, mais qu'il me laisse en paix !

DORN. Jupiter, tu es en colère[1]...

ARKADINA. Je ne suis pas Jupiter, je suis une femme. *(Elle allume une cigarette.)* Je ne suis pas en colère, ça me fait de la peine, simplement, de voir un jeune homme passer son temps de façon si ennuyeuse. Je n'ai pas voulu le blesser.

MEDVEDENKO. Nul n'a aucune raison de séparer l'esprit de la matière, car l'esprit lui-même est peut-être un assemblage d'atomes matériels. *(Vivement, à Trigorine.)* Et, tenez, dites-moi, pourquoi ne décrirait-on pas dans une pièce, et puis ne jouerait-on pas sur la scène, notre vie à nous autres, instituteurs. C'est une vie dure, très dure !

ARKADINA. C'est juste, mais ne parlons plus de pièces ni d'atomes. La soirée est si belle ! Vous entendez, mesdames et messieurs, on chante ? *(Tous prêtent l'oreille.)* Comme c'est bien !

PAULINA ANDREIEVNA. C'est sur l'autre rive.

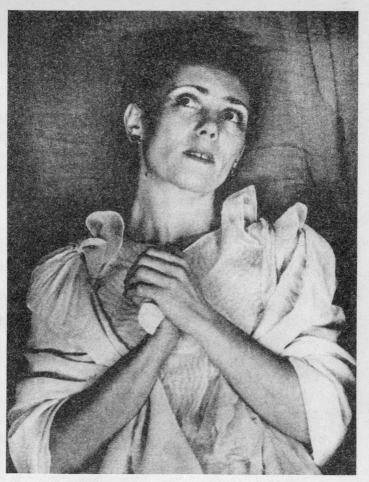

Ludmilla Pitoëff (Théâtre des Mathurins, 1939).

Un temps.

ARKADINA, *à Trigorine.* Asseyez-vous près de moi. Il y a
  dix ans, quinze ans, ici, sur ce lac, on entendait presque
  toutes les nuits de la musique et du chant. Il y a six
  grandes propriétés sur notre rive. Je me souviens, les
  rires, le bruit, les coups de feu, et tous ces romans
  d'amour, tous ces romans... Le *jeune premier*[1], l'idole de
  ces six propriétés était alors, je vous le présente *(elle
  désigne Dorn)* le docteur Evguéni Serguéiévitch. Il est
  toujours plein de *charme*[2], mais à cette époque il était
  irrésistible. Allons, je commence à avoir des remords.
  Pourquoi ai-je blessé mon pauvre petit garçon ? Je
  suis inquiète. *(D'une voix forte.)* Kostia[3] ! Mon fils !
  Kostia !

MACHA. Je vais le chercher.

ARKADINA. S'il vous plaît, ma chérie.

MACHA *va vers la gauche.* Ou-ou ! Constantin Gavrilovitch !... Ou-ou !

  Elle sort.

NINA, *sortant de derrière l'estrade.* Je suppose qu'on ne
  continuera pas, je peux sortir. Bonjour !

  Elle embrasse Arkadina et Paulina Andréievna.

SORINE. Bravo ! Bravo !

ARKADINA. Bravo ! Bravo ! Nous avons admiré. Avec un
  physique pareil, avec une voix si merveilleuse, c'est criminel de rester à la campagne. Vous avez sûrement du
  talent. Vous entendez ! Vous devez faire du théâtre.

NINA. Oh ! c'est mon rêve ! *(Avec un soupir.)* Mais il ne se
  réalisera jamais.

ARKADINA. Qui sait ? Permettez que je vous présente :
  Trigorine, Boris Alexéiévitch.

NINA. Ah ! je suis si heureuse... *(Intimidée.)* Je vous lis
toujours.

ARKADINA, *la faisant asseoir auprès d'elle.* Ne soyez pas
timide, ma chérie. C'est une célébrité, mais une âme
simple. Vous voyez, lui-même il est intimidé.

DORN. Je suppose qu'on peut lever le rideau maintenant,
c'est sinistre !

CHAMRAIEV, *d'une voix forte.* Iakov, lève donc le rideau,
mon vieux !

   Le rideau se lève.

NINA, *à Trigorine.* N'est-ce pas que c'est une pièce étrange ?

TRIGORINE. Je n'ai rien compris. Pourtant, j'ai regardé
avec plaisir. Vous avez joué avec tant de sincérité. Et le
décor, magnifique. *(Un temps.)* Il doit y avoir beaucoup
de poisson dans ce lac.

NINA. Oui.

TRIGORINE. J'aime la pêche. Il n'y a pas de plus grande
jouissance pour moi que de rester au bord de l'eau, à la
nuit tombante, et de regarder le bouchon.

NINA. Mais pour celui qui a éprouvé la jouissance de la
création, les autres jouissances n'existent pas, je crois.

ARKADINA, *riant.* Ne dites pas cela. Quand on lui dit des
mots gentils, il rentre sous terre.

CHAMRAIEV. Je me rappelle, à Moscou, à l'opéra, une fois,
le célèbre Silva avait sorti un *do* grave. Et justement,
comme par un fait exprès, il y avait au poulailler une
basse, un de nos chantres synodaux[1], et d'un seul coup,
vous pouvez imaginer notre extrême étonnement, nous
entendons au poulailler : « Bravo, Silva ! » toute une
octave en dessous... comme ça *(d'une voix de basse)* :
« Bravo, Silva ! »... Le théâtre s'est littéralement figé.

Un temps.

DORN. Un ange passe.

NINA. Il faut que je parte. Adieu.

ARKADINA. Où allez-vous ? Où allez-vous si tôt ? Nous ne vous lâcherons pas.

NINA. Papa m'attend.

ARKADINA. Il est comme cela, vraiment... *(Elles s'embrassent.)* Bon, enfin. Je regrette, je regrette de vous laisser partir.

NINA. Si vous saviez comme c'est dur pour moi de m'en aller !

ARKADINA. Quelqu'un va bien vous raccompagner, ma petite.

NINA, *effrayée.* Oh ! non ! non !

SORINE, *à Nina, suppliant.* Restez !

NINA. Je ne peux pas, Piotr Nikolaiévitch.

SORINE. Restez une heure, et voilà tout. Allons, voyons...

NINA, *après avoir réfléchi, à travers ses larmes.* C'est impossible !

Elle lui serre la main et sort vite.

ARKADINA. Une fille malheureuse, au fond. On dit que sa défunte mère a légué toute son énorme fortune au mari, tout jusqu'au dernier sou, et à présent la petite reste sans rien, parce que le père a déjà fait un testament en faveur de sa seconde femme. C'est révoltant.

DORN. Oui, son petit papa est une assez jolie ordure, il faut lui rendre cette justice.

SORINE, *frottant ses mains gelées.* Si nous y allions, mesdames et messieurs, nous aussi ? Il commence à faire humide. J'ai mal aux jambes.

ARKADINA. Elles sont en bois, tes jambes, c'est à peine si elles peuvent bouger. Allez, viens, vieillard calamiteux.

Elle le prend par le bras.

CHAMRAIEV, *donnant le bras à sa femme.* « Madame[1] ? »

SORINE. J'entends le chien qui recommence à hurler. *(A Chamraiev.)* Ilia Afanassiévitch, soyez assez bon de le faire détacher.

CHAMRAIEV. Impossible, Piotr Nikolaiévitch, je crains que des voleurs s'introduisent dans la grange. C'est là que je garde mon millet. *(A Medvedenko, qui marche à côté de lui.)* Oui, toute une octave en dessous : « Bravo, Silva ! » Et pas un chanteur, un simple chantre synodal.

MEDVEDENKO. Et quel est le traitement d'un chantre synodal ?

Tous sortent, excepté Dorn.

DORN, *seul.* Je ne sais pas, peut-être je ne comprends rien ou bien je suis devenu fou, mais la pièce m'a plu. Il y a quelque chose là-dedans. Quand cette jeune fille parlait de la solitude, et après, quand les yeux rouges du diable sont apparus, j'avais les mains tremblantes d'émotion. C'est frais, c'est naïf... C'est lui, on dirait. J'ai envie de lui dire beaucoup de choses agréables.

TREPLEV, *entrant.* Il n'y a plus personne.

DORN. Je suis là.

TREPLEV. Macha me cherche dans tout le parc. Quelle créature impossible !

DORN. Constantin Gavrilovitch, votre pièce m'a énormé-

ment plu. Elle a quelque chose d'étrange, et je n'ai pas
entendu la fin, mais tout de même l'impression est forte.
Vous avez du talent, il faut continuer. *(Treplev lui serre
la main avec force et le prend impétueusement dans ses
bras.)* Oh! comme vous êtes nerveux! Les larmes aux
yeux... Qu'est-ce que je voulais dire? Vous avez pris un
sujet dans le domaine des idées abstraites. Et c'est ce
qu'il fallait faire, car l'œuvre d'art doit nécessairement
exprimer une grande pensée. Seul est beau ce qui est
sérieux. Comme vous êtes pâle!

TREPLEV. Alors vous dites qu'il faut continuer?

DORN. Oui... Mais ne montrez que ce qui est important,
éternel. Vous savez, j'ai vécu ma vie de toutes les manières, j'y ai mordu à belles dents, je suis satisfait, mais
s'il m'était donné d'éprouver cet élan de l'esprit que
connaissent les artistes au moment de la création, alors
il me semble que je mépriserais mon enveloppe char-
nelle et tout ce qui est propre à cette enveloppe, et que
je m'envolerais de la terre le plus loin possible, vers la
hauteur.

TREPLEV. Excusez-moi, où est Zaretchnaïa?

DORN. Et ceci encore. L'œuvre doit contenir une pensée
claire, précise. Vous devez savoir pourquoi vous écrivez; sinon, si vous prenez ce chemin pittoresque sans
un but défini, vous vous égarerez, et votre talent sera
votre perte[1].

TREPLEV, *impatiemment.* Où est Zaretchnaïa?

DORN. Elle est rentrée chez elle.

TREPLEV, *désespéré.* Qu'est-ce que je vais faire? Je veux la
voir... J'ai absolument besoin de la voir... Je vais y
aller...

   Entre Macha.

DORN, *à Treplev*. Calmez-vous, mon ami.

TREPLEV. De toute façon, je m'en vais. Il faut que je m'en
aille.

MACHA. Rentrez à la maison, Constantin Gavrilovitch.
Votre maman vous attend. Elle est inquiète.

TREPLEV. Dites-lui que je suis parti. Je vous en prie tous :
laissez-moi tranquille ! Laissez-moi ! Ne me suivez
pas !

DORN. Mais, mais, mais, mon cher... il ne faut pas... Ce
n'est pas bien.

TREPLEV, *à travers les larmes*. Adieu, docteur. Je vous
remercie...

    Il sort.

DORN, *soupirant*. Jeunesse, jeunesse !

MACHA. Quand on n'a plus rien à dire, on dit : jeunesse,
jeunesse...

    Elle prise du tabac.

DORN *lui prend la tabatière et la jette dans les buissons.*
C'est dégoûtant. *(Un temps.)* On dirait qu'il y a de la
musique à la maison. Il faut y aller.

MACHA. Attendez.

DORN. Quoi ?

MACHA. Je veux vous dire encore une fois. J'ai envie de
parler... *(Se troublant.)* Je n'aime pas mon père... mais
j'ai un penchant pour vous. Je ne sais pourquoi, de toute
mon âme je sens que nous sommes proches l'un de
l'autre... Aidez-moi. Aidez-moi ou je vais faire une
bêtise, je vais bafouer ma propre vie, je vais la gâcher...
Je n'en peux plus...

DORN. Quoi ? Vous aider en quoi ?

MACHA. Je souffre. Personne, personne ne connaît mes

souffrances ! *(Elle pose sa tête contre la poitrine du docteur. Tout bas.)* J'aime Constantin.

DORN. Comme ils sont nerveux, tous ! Comme ils sont
nerveux, tous ! Et que d'amour !... Ô, lac enchanté !
(Tendrement.) Mais que puis-je faire, mon enfant ?
Quoi ? quoi[1] ?

Rideau.

Acte II

*Un terrain de croquet. Au fond, à droite, la maison,
avec une grande terrasse ; à gauche on voit le lac, dans
lequel un soleil étincelant se reflète. Parterres de fleurs.
Midi. Il fait chaud. A côté du terrain, dans l'ombre d'un
vieux tilleul, Arkadina, Dorn et Macha sont assis sur un
banc. Dorn tient sur ses genoux un livre ouvert.*

ARKADINA, *à Macha.* Eh bien, levons-nous. *(Toutes deux
se lèvent.)* Mettons-nous l'une à côté de l'autre. Vous
avez vingt-deux ans et moi presque le double. Evguéni
Serguéiévitch, laquelle de nous deux a l'air le plus
jeune ?

DORN. Vous, naturellement.

ARKADINA. Et voilà... Et pourquoi ? Parce que je travaille,
parce que je suis passionnée, parce que je suis toujours
en mouvement, tandis que vous, vous restez toujours à
la même place, vous ne vivez pas... Et j'ai une règle : ne
pas regarder dans l'avenir. Je ne pense jamais ni à la
vieillesse ni à la mort. Ce qui doit être, on ne l'évitera
pas.

MACHA. Moi j'ai l'impression d'être née depuis très, très
longtemps. Ma vie, je la tire derrière moi, comme une
traîne interminable... Et souvent il arrive que je n'aie
pas la moindre envie de vivre. *(Elle s'assied.)* Des bêti-

ses, bien sûr. Il faut se secouer, se débarrasser de tout ça.

DORN *chantonne à voix basse.* « *Faites-lui mes aveux, portez mes vœux[1]... »*

ARKADINA. Et puis je suis correcte comme un Anglais. Moi, ma chérie, je suis tirée à quatre épingles, comme on dit, et toujours habillée et coiffée *comme il faut[2].* Me permettre de sortir, même au jardin, en blouse ou décoiffée ? Jamais ! Si je me suis conservée, c'est que jamais je n'ai été une souillon, jamais je ne me suis laissée aller, comme certaines... *(Les mains sur les hanches, elle marche de long en large sur le terrain de croquet.)* Regardez ça : un petit oiseau ! Je pourrais jouer une gamine de quinze ans.

DORN. Bon, néanmoins, quand même, je continue. *(Il prend le livre.)* Nous en étions restés au marchand de farine et aux rats...

ARKADINA. Et aux rats. Lisez. *(Elle s'assied.)* Ou plutôt donnez-moi le livre, c'est moi qui lis. C'est mon tour. *(Elle prend le livre et cherche des yeux.)* Et aux rats... Voilà... *(Elle lit.)* « Certes, il est aussi dangereux pour les gens du monde de choyer et d'attirer les romanciers, qu'il le serait pour un marchand de farine d'élever des rats dans son magasin. Et pourtant ils sont en faveur. Donc, quand une femme a jeté son dévolu sur l'écrivain qu'elle veut adopter, elle en fait le siège au moyen de compliments, d'attentions et de gâteries... » Bon, chez les Français, peut-être, mais chez nous rien de pareil, pas de programme. Chez nous, une femme, d'habitude, avant d'adopter un écrivain, est déjà amoureuse jusqu'aux oreilles, vous pouvez m'en croire. Sans aller chercher loin, prenez simplement Trigorine et moi...

Entre Sorine, appuyé sur sa canne ; à côté de lui Nina ;

Medvedenko pousse derrière eux un fauteuil roulant.

SORINE, *du ton dont on parle aux enfants.* Oui ? Nous
sommes joyeuse ? Nous sommes gaie, aujourd'hui, à la
fin des fins ? *(A sa sœur.)* Nous sommes joyeuse ! Père et
belle-mère sont partis pour Tver, et nous sommes libre
pour trois grandes journées.

NINA *s'assied à côté d'Arkadina et l'embrassant.* Je suis
heureuse ! Maintenant je vous appartiens.

SORINE *s'assied dans son fauteuil.* Elle est bien jolie aujour-
d'hui.

ARKADINA. Élégante, en beauté... Pour cela, vous êtes une
fille intelligente. *(Elle embrasse Nina.)* Mais il ne faut
pas dire trop de compliments, ça porte malheur. Où est
Boris Alexéiévitch ?

NINA. Il est à la baignade, il pêche.

ARKADINA. Il n'en a pas encore assez !

Elle veut continuer sa lecture.

NINA. C'est quoi ?

ARKADINA. Maupassant, *Sur l'eau,* ma chérie. *(Elle lit
quelques lignes pour elle-même.)* Bon, la suite n'est pas
intéressante, et pas juste. *(Elle ferme son livre.)* Je suis
inquiète. Dites-moi, qu'est-ce qui se passe avec mon
fils ? Pourquoi est-il si ennuyeux et sévère ? Il passe des
jours entiers sur le lac, je ne le vois pour ainsi dire
pas.

MACHA. Il a le cœur gros. *(A Nina, timidement.)* S'il vous
plaît, récitez quelque chose de sa pièce !

NINA, *haussant les épaules.* Vous voulez ? C'est si peu inté-
ressant.

MACHA, *contenant son enthousiasme.* Quand il récite quelque chose lui-même, ses yeux brillent et son visage

devient tout pâle. Il a une voix magnifique, triste, et des manières de poète.

On entend Sorine ronfler.

DORN. Bonne nuit !

ARKADINA. Pétroucha !

SORINE. Hein ?

ARKADINA. Tu dors ?

SORINE. Pas du tout.

Un temps.

ARKADINA. Tu ne te soignes pas, ce n'est pas bien, mon frère.

SORINE. Je serais heureux de me soigner, mais c'est le docteur qui ne veut pas.

DORN. Se soigner à soixante ans !

SORINE. Même à soixante ans on a envie de vivre.

DORN, *agacé.* Eh bien ! Bon, prenez des gouttes de valériane.

ARKADINA. Il me semble que ça lui ferait du bien d'aller quelque part prendre les eaux.

DORN. Bah ! Il peut y aller. Il peut aussi ne pas y aller.

ARKADINA. Comprenne qui pourra.

DORN. Il n'y a rien à comprendre. Tout est clair.

Un temps.

MEDVEDENKO. Piotr Nikolaiévitch devrait cesser de fumer.

SORINE. Des bêtises.

DORN. Non, pas des bêtises. Le vin et le tabac détruisent la personnalité. Après un cigare ou un verre d'eau-de-vie vous n'êtes plus Piotr Nikolaiévitch, mais Piotr Niko-

Georges et Ludmilla Pitoëff (1939).

laiévitch plus quelqu'un d'autre ; votre moi se dissout, et vous vous traitez vous-même à la troisième personne — il.

SORINE, *riant.* Vous en parlez à votre aise. Vous avez vécu votre vie, mais moi ? J'ai passé vingt-huit ans au ministère de la Justice, et je n'ai pas encore vécu, je n'ai eu aucune expérience à la fin des fins, et, de toute évidence, j'ai très envie de vivre. Vous êtes comblé et indifférent, c'est pourquoi vous avez un penchant à la philosophie, moi je veux vivre, c'est pourquoi je bois du xérès[1] et je fume des cigares après le repas, et voilà tout. Et voilà tout.

DORN. Il faut traiter la vie avec sérieux, or se soigner à soixante ans, regretter d'avoir eu trop peu de plaisir dans sa jeunesse, c'est — pardonnez-moi — de la légèreté.

MACHA *se lève.* C'est l'heure de déjeuner, je crois. *(Elle s'en va d'une démarche paresseuse et molle.)* J'ai une jambe engourdie.

Elle sort.

DORN. Telle qu'elle est partie, elle va avaler deux petits verres avant le déjeuner.

SORINE. La pauvre petite n'a pas de bonheur personnel.

DORN. Des bêtises, Votre Excellence.

SORINE. Vous raisonnez comme un homme comblé.

ARKADINA. Ah ! que peut-il y avoir de plus ennuyeux que ce charmant ennui de la campagne ! Chaleur, tranquillité, personne ne fait rien, tout le monde tient des discours philosophiques... On est bien avec vous, mes amis, c'est agréable de vous écouter, mais... être dans sa chambre d'hôtel et apprendre un rôle, comme c'est mieux !

NINA, *avec enthousiasme.* Oh ! oui ! Je vous comprends.

SORINE. C'est sûr qu'on est mieux en ville. On a son bureau, personne ne pénètre sans avoir été annoncé par un laquais, il y a le téléphone... dans la rue les fiacres, et voilà tout...

DORN, *chantonnant.* « *Faites-lui mes aveux, portez mes vœux...* »

Entre Chamraiev, suivi de Paulina Andréievna.

CHAMRAIEV. Voilà tout notre monde. Bonjour ! *(Il baise la main d'Arkadina, puis de Nina.)* Très heureux de vous voir en bonne santé. *(A Arkadina.)* Ma femme dit que vous avez l'intention d'aller aujourd'hui en ville avec elle. C'est vrai ?

ARKADINA. Oui, nous en avons l'intention.

CHAMRAIEV. Hum... C'est magnifique, mais par quel moyen comptez-vous vous y rendre, chère madame ? Aujourd'hui, on rentre le seigle, tous les ouvriers sont occupés. Et avec quels chevaux, si vous permettez cette question ?

ARKADINA. Quels chevaux ? Est-ce que je sais, moi ?

SORINE. Nous avons bien des chevaux d'attelage ?

CHAMRAIEV, *s'énervant.* D'attelage ? Et où est-ce que je vais prendre les colliers ? C'est étonnant ! C'est inconcevable ! Chère madame ! Excusez-moi, je vénère votre talent, je suis prêt à donner dix ans de ma vie pour vous, mais ce que je ne peux pas vous donner, c'est des chevaux !

ARKADINA. Et s'il faut que j'y aille ? C'est extravagant !

CHAMRAIEV. Chère madame, vous ne savez pas ce que c'est qu'une exploitation agricole !

ARKADINA, *s'emportant.* Toujours la même histoire ! Dans

ces conditions, je pars aujourd'hui pour Moscou. Faites-moi louer des chevaux au village, sinon je vais à la gare à pied !

CHAMRAIEV, *s'emportant.* Dans ces conditions, je donne ma démission. Cherchez un autre intendant !

Il sort.

ARKADINA. Tous les étés c'est la même chose, tous les étés je viens ici pour me faire insulter ! Je ne remettrai plus les pieds ici !

Elle sort à gauche, du côté où doit se trouver la baignade ; une minute plus tard, on la voit entrer dans la maison ; Trigorine la suit, portant des cannes à pêche et un seau.

SORINE, *s'emportant.* Quelle insolence ! Qu'est-ce que ça veut dire ? A la fin des fins, j'en ai assez. Qu'on amène ici tous les chevaux !

NINA, *à Paulina Andréievna.* Refuser quelque chose à Irina Nikolaievna, une actrice célèbre ! Est-ce que chacun de ses désirs, ou même de ses caprices, n'est pas plus important que votre exploitation agricole ? C'est tout simplement invraisemblable !

PAULINA ANDREIEVNA, *au désespoir.* Qu'y puis-je ? Mettez-vous à ma place : qu'y puis-je ?

SORINE, *à Nina.* Allons chez ma sœur... Nous allons tous la supplier de ne pas s'en aller. Pas vrai ? *(Regardant du côté par où est parti Chamraiev.)* Quel homme insupportable ! Quel despote !

NINA, *l'empêchant de se lever.* Restez assis, restez assis, nous vous conduirons... *(Elle pousse le fauteuil, avec Medvedenko.)* Oh ! comme c'est affreux !...

SORINE. Oui, oui, c'est affreux... Mais il ne partira pas, je vais lui parler tout de suite.

*Ils sortent ; Dorn et Paulina Andréievna restent
seuls.*

DORN. Les gens sont ennuyeux. En réalité, votre mari méri-
terait qu'on le jette à la porte par la peau du cou, mais
cette vieille mémère de Piotr Nikolaiévitch et sa sœur
iront lui faire des excuses, et ça se terminera comme ça.
Vous verrez.

PAULINA ANDREIEVNA. Il a envoyé aux champs jusqu'aux chevaux d'attelage. Et tous les jours un malen-
tendu comme celui-là. Si vous saviez comme cela me
fait mal ! J'en suis malade ; vous voyez, je tremble... Je
ne peux pas supporter cette grossièreté. *(Suppliante.)*
Evguéni, mon très cher, mon chéri, prenez-moi avec
vous... Notre temps passe, nous ne sommes plus jeunes,
et au moins à la fin de notre vie ne plus nous cacher, ne
plus mentir...

Un temps.

DORN. J'ai cinquante-cinq ans, c'est trop tard pour changer
de vie.

PAULINA ANDREIEVNA. Je sais que vous ne voulez pas
de moi parce qu'en plus de moi il y a d'autres femmes
qui vous sont proches. On ne peut pas les prendre toutes
chez soi. Je comprends. Je vous demande pardon, je
vous ennuie.

*Nina apparaît près de la maison ; elle cueille des
fleurs.*

DORN. Non, ça ne fait rien.

PAULINA ANDREIEVNA. C'est la jalousie qui me fait
souffrir. Naturellement, vous êtes docteur, vous ne pouvez pas éviter les femmes. Je comprends...

DORN, *à Nina, qui s'approche.* Comment ça va là-bas ?

NINA. Irina Nikolaievna pleure et Piotr Nikolaiévitch a sa crise d'asthme.

DORN *se lève.* Allons leur donner des gouttes de valériane à tous les deux...

NINA *lui offre les fleurs.* S'il vous plaît.

DORN. *Merci bien[1].*

   Il va vers la maison.

PAULINA ANDREIEVNA, *allant vers lui.* Quelles jolies petites fleurs ! *(Près de la maison, d'une voix sourde.)* Donnez-moi ces fleurs ! Donnez-moi ces fleurs !

   Dorn les lui donne, elle les déchire et les jette. Tous deux entrent dans la maison.

NINA, *seule.* Comme c'est étrange de voir une artiste célèbre pleurer, surtout pour si peu de chose ! Et cela aussi, c'est étrange : un écrivain connu, l'idole du public, on parle de lui dans tous les journaux, on vend ses portraits, on le traduit dans les langues étrangères, et il passe toute sa journée à la pêche, et il se réjouit d'avoir pris deux chevesnes. Je croyais que les gens célèbres sont fiers, inaccessibles, qu'ils méprisent la foule et que, par leur gloire et l'éclat de leur nom, ils se vengent de ce qu'elle place au-dessus de tout la naissance et la richesse. Mais ils pleurent, ils pêchent à la ligne, ils jouent aux cartes, ils rient et se mettent en colère, comme tout le monde...

TREPLEV *entre, sans chapeau, tenant un fusil et une mouette morte.* Vous êtes seule ?

NINA. Oui. *(Treplev pose la mouette à ses pieds.)* Qu'est-ce que ça veut dire ?

TREPLEV. J'ai eu la bassesse de tuer cette mouette aujourd'hui. Je la dépose à vos pieds.

NINA. Qu'est-ce qu'il y a ?

Elle ramasse la mouette et la regarde.

TREPLEV, *après un temps.* C'est comme ça bientôt que je
  me tuerai moi-même.

NINA. Je ne vous reconnais plus.

TREPLEV. Oui, depuis que moi, j'ai cessé de vous recon-
  naître. Vous n'êtes plus la même avec moi, votre regard
  est froid, ma présence vous gêne.

NINA. Ces derniers temps, vous êtes devenu irritable, vous
  vous exprimez de façon incompréhensible, par symboles. Et par exemple cette mouette selon toute apparence
  est un symbole aussi, mais, excusez-moi, je ne comprends pas... *(Elle pose la mouette sur le banc.)* Je suis
  trop simple pour vous comprendre.

TREPLEV. Cela a commencé le soir où ma pièce a si bête-
  ment échoué. Les femmes ne pardonnent pas l'insuccès.
  J'ai tout brûlé, tout jusqu'au plus petit bout. Si vous
  saviez comme je suis malheureux ! Votre froideur est
  affreuse, incroyable : je m'éveillerais, et ce lac se serait
  asséché soudain, ou bien il aurait disparu sous la terre.
  Vous venez de dire que vous êtes trop simple pour me
  comprendre. Oh ! qu'y a-t-il à comprendre ? Ma pièce
  n'a pas plu, vous méprisez mon inspiration, déjà vous
  me considérez comme un homme médiocre, nul,
  comme il y en a tant. *(Frappant du pied.)* Comme je
  comprends bien cela, comme je le comprends ! C'est
  dans ma cervelle comme un clou, et ce maudit orgueil
  qui me suce le sang, me suce le sang comme un ser-
  pent... *(Apercevant Trigorine qui arrive, lisant un livre.)*
  Le voilà, le talent véritable ; il avance, comme Hamlet,
  avec un livre lui aussi. *(Railleur.)* « Des mots, des mots,
  des mots... » Ce soleil ne s'est pas encore approché de
  vous que vous souriez déjà, votre regard a fondu sous
  ses rayons. Je ne veux pas vous déranger.

Il sort rapidement.

TRIGORINE, *prenant des notes dans un carnet.* Prise le tabac et boit de la vodka... Toujours en noir. L'instituteur amoureux d'elle...

NINA. Bonjour, Boris Alexéiévitch.

TRIGORINE. Bonjour. Les circonstances ont tourné inopinément de telle façon que... je crois que nous partons aujourd'hui. Nous ne nous verrons sans doute jamais plus. C'est dommage. Il ne m'arrive pas souvent de rencontrer des filles jeunes, jeunes et intéressantes, j'ai oublié, et je ne peux plus me représenter clairement comment on se sent à dix-huit, dix-neuf ans, c'est pourquoi dans mes nouvelles et dans mes récits les jeunes filles sont généralement factices. Tenez, je voudrais être, ne fût-ce qu'une heure, à votre place, pour savoir ce que vous pensez, et au fond, quelle espèce de chose vous êtes.

NINA. C'est moi qui voudrais être à votre place.

TRIGORINE. Pourquoi ?

NINA. Pour savoir comment se sent un écrivain célèbre et plein de talent. Comment ressent-on la célébrité ? Comment percevez-vous le fait que vous êtes célèbre ?

TRIGORINE. Comment ? Sans doute, d'aucune façon. C'est une chose à laquelle je n'ai jamais pensé. *(Après réflexion.)* De deux choses l'une : ou bien vous exagérez ma célébrité, ou bien elle n'est nullement perceptible.

NINA. Mais quand vous lisez ce qu'on écrit sur vous dans les journaux ?

TRIGORINE. Quand on dit du bien c'est agréable, quand on dit du mal, après, on est de mauvaise humeur pendant deux jours.

NINA. Quel monde merveilleux ! Comme je vous envie, si

vous saviez ! Le destin des gens est si divers. Certains
traînent à grand-peine leur existence ennuyeuse et insi-
gnifiante, tous pareils les uns aux autres, tous malheureux ; d'autres, comme vous par exemple — un seul sur
un million —, ont reçu en partage une vie intéressante,
lumineuse, pleine de signification... Vous êtes heureux...

TRIGORINE. Moi ? *(Haussant les épaules.)* Hum... Vous
parlez de célébrité, de bonheur, de vie lumineuse et
intéressante, mais pour moi toutes ces belles paroles ne
sont — excusez-moi — pas autre chose qu'une marme-
lade dont je ne mange jamais. Vous êtes très jeune et
très bonne.

NINA. Votre vie est belle !

TRIGORINE. Qu'est-ce qu'elle a donc de particulièrement
bien ? *(Il regarde sa montre.)* Il faut que j'aille écrire.
Excusez-moi, je n'ai pas le temps... *(Il rit.)* Vous m'avez
piqué au vif, comme on dit, et voilà que je commence à
m'énerver, un peu à me fâcher. Mais parlons. Parlons de
ma lumineuse et belle vie... Alors, par quoi commen-
çons-nous ? *(Il réfléchit un instant.)* Il y a parfois des
idées qui vous tiennent : on pense jour et nuit, par
exemple à la lune, eh bien, j'ai comme cela ma lune à
moi. Jour et nuit une même idée obstinée me possède :
il faut que j'écrive, il faut que j'écrive, il faut que... A
peine j'ai terminé une nouvelle, aussitôt il faut, je ne
sais pourquoi, que j'en écrive une autre, puis une troisième, après la troisième une quatrième... J'écris sans
interruption, je cours la poste, je ne peux pas faire
autrement. Quoi de beau et de lumineux là-dedans, je
vous le demande ? Oh ! quelle vie barbare ! Tenez, je
suis avec vous, je m'échauffe et cependant à chaque instant je me rappelle qu'une nouvelle inachevée m'attend.
Je vois un nuage qui ressemble à un piano à queue. Je

pense : il faudra mentionner quelque part dans un récit
qu'un nuage passait qui ressemblait à un piano à queue. Ça
sent l'héliotrope. Je m'empresse de fourrer cela dans ma
tête : odeur suave, couleur de veuvage, s'en souvenir pour
la description d'un soir d'été. Je me pille moi-même et je
vous pille au détour de chaque phrase, de chaque mot, et je
me hâte de ranger toutes ces phrases, tous ces mots, dans
mon garde-manger littéraire : ça pourra servir ! Quand je
m'arrête de travailler, je cours au théâtre, ou bien je vais à
la pêche m'y reposer ! m'abandonner ! Eh bien, non ! Un
lourd boulet de fonte roule déjà dans ma tête : le nouveau
sujet ; et déjà ma table m'appelle, et il faut se dépêcher
d'écrire encore, écrire. Et toujours ainsi, toujours, et je n'ai
pas de répit avec moi-même, et je sens que je dévore ma
propre vie, que pour un miel que je distribue je ne sais à qui
dans l'espace, je butine le pollen de mes plus belles fleurs,
j'arrache les fleurs elles-mêmes, et je piétine les racines. Est-
ce que je ne suis pas fou ? Est-ce que mes amis et connais-
sances se conduisent avec moi comme avec un homme sen-
sé ? « Qu'est-ce que vous gribouillez ? Qu'allez-vous nous
donner ? » Toujours pareil, toujours pareil, et il me semble
que cette attention de mes amis, ces louanges, cet enthousiasme, tout cela n'est que tromperie, on me trompe comme
un malade, et parfois j'ai peur que quelqu'un qui se serait
glissé derrière moi me saute dessus, et qu'on m'emmène,
comme Poprichtchine, dans une maison de fous. Dans les
années d'autrefois, mes jeunes années, les meilleures, quand
j'ai commencé, mon travail d'écrivain n'était qu'une torture
continuelle. Le petit écrivain, surtout quand il ne réussit
pas, se sent gauche, maladroit, inutile, les nerfs tendus, à
fleur de peau ; il rôde irrésistiblement autour des gens
qui se mêlent de littérature et d'art, méconnu, inaperçu de
tous, craignant de regarder les autres dans les yeux,
tout à fait comme un joueur acharné qui n'a pas d'argent. Je ne voyais pas mon lecteur, mais, je ne sais

pourquoi, il m'apparaissait malveillant, méfiant. Le public m'effrayait, j'en avais peur, et chaque fois que je donnais une nouvelle pièce au théâtre, j'avais le sentiment que les bruns étaient dans une disposition hostile et les blonds d'une froideur indifférente. Oh ! quelle horreur ! Quelle souffrance c'était !

NINA. Permettez, mais dans l'inspiration, dans le processus même de la création, est-ce que vous ne trouvez pas des moments sublimes, heureux ?

TRIGORINE. Si. Quand j'écris, c'est agréable. Lire les épreuves, c'est agréable, mais... dès la parution, je ne supporte plus rien, je vois tout de suite que ce n'est pas ça, que je me suis trompé, qu'il ne fallait pas du tout écrire ça, et je m'énerve et cela me pèse sur le cœur... *(Il rit.)* Mais le public dit : « Oui, c'est gentil, plein de talent... C'est gentil, mais c'est très loin de Tolstoï », ou bien « Belle chose, mais *Pères et Enfants*[1] de Tourguéniev, c'est mieux ». Et ainsi, jusqu'au tombeau, tout ne sera jamais que gentil et plein de talent, gentil et plein de talent — rien d'autre, et quand je serai mort mes amis, en passant devant ma tombe, diront : « Ici repose Trigorine. C'était un bon écrivain, mais il écrivait moins bien que Tourguéniev. »

NINA. Excusez-moi, je renonce à vous comprendre. Vous êtes tout simplement gâté par le succès.

TRIGORINE. Quel succès ? Je ne me suis jamais plu à moi-même. Je ne m'aime pas comme écrivain. Le pis est que je suis dans une sorte de brume, et bien souvent je ne comprends pas ce que j'écris... J'aime cette eau, là, les arbres, le ciel, je sens la nature, elle éveille en moi une passion, un irrépressible désir d'écrire. Mais voilà, je ne suis pas seulement paysagiste[2], je suis citoyen, j'aime ma patrie, mon peuple, je sais que, si je suis écrivain, je suis obligé de parler du peuple, de ses souffrances, de son avenir, de parler de la science, des droits de l'homme, etc., etc., et je parle de tout cela, je me hâte, on me presse de toutes parts, on s'impatiente, je cours dans tous les sens comme un renard forcé par la meute, je vois que la vie et la science vont de l'avant, et encore de l'avant, et moi je suis en retard, toujours plus en retard, comme un paysan qui a raté le train, et à la fin du compte je sens bien que je ne sais que décrire le paysage, et que pour tout le reste je suis faux, faux jusqu'à la moelle des os.

NINA. Vous avez trop travaillé, et vous n'avez ni le temps ni le désir de connaître votre valeur. Vous pouvez bien être mécontent de vous, mais pour les autres vous êtes grand et beau ! Si j'étais écrivain comme vous, je donnerais à la foule ma vie entière, mais j'aurais conscience que son bonheur à elle est de s'élever jusqu'à moi, et elle me traînerait sur un char.

TRIGORINE. Hé ! sur un char... Je suis Agamemnon[1], ou quoi ?

Ils sourient l'un et l'autre.

NINA. Pour le bonheur d'être écrivain ou actrice, je supporterais l'animosité de mes proches, le besoin, la désillusion, je vivrais dans un grenier, je mangerais du pain noir, je souffrirais de ma propre insatisfaction devant mes imperfections, mais en échange j'exigerais la gloire... la véritable gloire, la retentissante... *(Elle se couvre le visage de ses mains.)* La tête me tourne... Oh !...

Voix d'Arkadina de l'intérieur de la maison : « Boris Alexéiévitch ! »

TRIGORINE. On m'appelle... Sans doute, pour faire les valises. Mais je n'ai pas envie de m'en aller. *(Il regarde le lac.)* Quelle félicité !... On est bien !

NINA. Vous voyez sur l'autre rive cette maison et ce jardin ?

TRIGORINE. Oui.

NINA. C'est la propriété de ma mère, qui est morte. Je suis née là. J'ai passé toute ma vie autour de ce lac, et j'en connais tous les îlots.

TRIGORINE. On est bien ici chez vous ! *(Voyant la mouette.)* Qu'est-ce que c'est que ça ?

NINA. Une mouette. C'est Constantin Gavrilovitch qui l'a tuée.

TRIGORINE. Un bel oiseau. Vraiment, je n'ai pas envie de partir. Persuadez donc Irina Nikolaievna de rester ici.

Il prend des notes dans son carnet.

NINA. Qu'est-ce que vous écrivez ?

TRIGORINE. Comme cela, des notes. Un sujet m'est venu à l'esprit... *(Cachant son carnet.)* Un sujet pour un petit récit : au bord d'un lac, depuis son enfance vit une jeune fille, comme vous ; elle aime le lac, comme une mouette, elle est heureuse et libre, comme une mouette. Mais par hasard un homme est passé, l'a vue et, par désœuvrement, il la fait périr, comme cette mouette.

Un temps.

Arkadina apparaît à une fenêtre.

ARKADINA. Boris Alexéiévitch, où êtes-vous ?

TRIGORINE. Tout de suite ! *(Il s'en va, se retournant sur Nina ; arrivé à la fenêtre, à Arkadina.)* Quoi ?

ARKADINA. Nous restons.

Trigorine entre dans la maison.

NINA *s'approche de la rampe ; après quelque réflexion.* Un rêve.

Rideau.

Acte III

La salle à manger dans la maison de Sorine. Portes à droite et à gauche. Un buffet. Une armoire à pharmacie. Au milieu de la pièce, une table. Une valise et des cartons ; préparatifs de départ. Trigorine déjeune. Macha est debout à la table.

MACHA. Je vous raconte tout cela à vous parce que vous êtes écrivain. Vous pouvez en tirer profit. Je vous le dis en conscience : s'il s'était blessé sérieusement, je n'aurais pas vécu une minute de plus. Pourtant je suis courageuse. J'ai pris ma décision : j'arracherai cet amour de mon cœur, avec les racines je l'arracherai.

TRIGORINE. De quelle façon ?

MACHA. Je me marie. Avec Medvedenko.

TRIGORINE. Vous voulez dire, l'instituteur ?

MACHA. Oui.

TRIGORINE. Je ne comprends pas quelle nécessité.

MACHA. Aimer sans espoir, attendre on ne sait quoi pendant des années... Une fois mariée, je ne penserai plus à l'amour, des soucis nouveaux étoufferont tout le passé. Et puis tout de même, vous savez, ça fera un changement. On en prend encore un autre ?

TRIGORINE. Ce n'est pas trop ?

MACHA. Pensez-vous ! *(Elle emplit les verres.)* Ne me regardez pas comme ça. Les femmes boivent plus souvent que vous ne le pensez. La minorité boit ouvertement, comme moi, la majorité en cachette. Oui. Et toujours de la vodka ou du cognac. *(Elle trinque.)* A la vôtre ! Vous êtes un homme très simple, c'est dommage qu'on se quitte.

Ils boivent.

TRIGORINE. Moi-même, je n'ai pas envie de partir.

MACHA. Demandez-lui donc de rester.

TRIGORINE. Non, maintenant elle ne restera plus. Son fils se conduit avec un manque de tact extrême. Un jour il essaie de se tuer[1], et à présent on dit qu'il s'apprête à me provoquer en duel. Et au nom de quoi ? Il boude, il grogne, il prêche les nouvelles formes... Mais il y a assez de place pour tout le monde, les nouveaux et les anciens — pourquoi se bousculer ?

MACHA. Ah ! et puis la jalousie. Mais ça ne me regarde pas. *(Un temps. Iakov passe de gauche à droite avec une valise ; entre Nina qui s'arrête à la fenêtre.)* Mon instituteur n'est pas très, très intelligent, mais c'est un homme bon, il est pauvre, et il m'aime beaucoup. Il me fait de la peine. Sa vieille mère aussi me fait de la peine. Allons, permettez-moi de vous souhaiter mille bonnes choses. Ne gardez pas un trop mauvais souvenir de moi. *(Elle lui serre fortement la main.)* Je vous suis très reconnaissante de votre gentillesse. Envoyez-moi vos livres, n'oubliez pas la dédicace. Seulement ne mettez pas « Respectueusement vôtre », mais simplement, comme ça : « A Marie, origine inconnue, qui vit sans savoir pourquoi sur cette terre. » Adieu !

Elle sort.

NINA, *tendant vers Trigorine une main fermée.* Pair ou impair ?

TRIGORINE. Pair.

NINA, *soupirant.* Non. Je n'ai qu'un seul pois dans la main. Je voulais savoir si je devais me faire actrice ou non. Si quelqu'un pouvait me donner un conseil !

TRIGORINE. C'est un cas où on ne peut pas donner de conseil.

   Un temps.

NINA. Nous allons nous quitter et... probablement nous ne nous reverrons plus. Je vous prie d'accepter de moi ce petit médaillon en souvenir. J'ai fait graver vos initiales... et de ce côté-ci le titre d'un de vos livres : *Les Jours et les Nuits.*

TRIGORINE. Comme c'est gracieux ! *(Il baise le médaillon.)* Quel charmant cadeau !

NINA. Pensez à moi de temps en temps.

TRIGORINE. Je penserai à vous. Je penserai à vous telle que vous étiez dans cette belle journée — vous vous souvenez ? — il y a huit jours, vous portiez une robe claire... Nous avions parlé... il y avait une mouette blanche sur le banc.

NINA, *rêveusement.* Oui, une mouette... *(Un temps.)* Nous ne pouvons pas parler plus, on vient... Avant de partir, donnez-moi deux minutes, je vous en supplie...

   Elle sort vers la gauche. En même temps arrivent du côté droit Arkadina, Sorine en habit, portant une décoration, puis Iakov.

ARKADINA. Reste donc à la maison, vieillard. Avec tes rhumatismes, tu ne vas pas prendre la voiture pour faire des visites ? *(A Trigorine.)* Qui est-ce qui sort d'ici ? Nina ?

TRIGORINE. Oui.

ARKADINA. *Pardon*[1], on vous a dérangés... *(Elle s'assied.)* Je crois que j'ai tout emballé. Je n'en peux plus.

TRIGORINE *lit sur le médaillon. Les Jours et les Nuits,* page cent vingt et un, lignes onze et douze.

IAKOV, *débarrassant la table.* Les cannes à pêche, il faut les emballer aussi ?

TRIGORINE. Oui, j'en aurai encore besoin. Les livres, donne-les à qui tu veux.

IAKOV. Bien, monsieur.

TRIGORINE, *à part.* Page cent vingt et un, lignes onze et douze. Qu'est-ce qu'il y a donc dans ces lignes ? *(A Arkadina.)* Est-ce qu'on a mes livres à la maison ?

ARKADINA. Dans le bureau de mon frère, le meuble d'angle.

TRIGORINE. Page cent vingt et un...

     Il sort.

ARKADINA. C'est vrai, Pétroucha, tu ferais mieux de rester à la maison...

SORINE. Vous partez, sans vous ce sera trop dur pour moi à la maison.

ARKADINA. Mais en ville, qu'est-ce qu'il y a ?

SORINE. Rien de particulier, mais tout de même. *(Il rit.)* On va poser la première pierre de l'hôtel de ville[2], des choses de ce genre. Ce serait si bien de s'arracher, ne fût-ce qu'une heure ou deux, à cette existence de goujon ; sans ça, je suis bon à mettre au rebut, comme un vieux fume-cigare. J'ai commandé les chevaux pour une heure, nous partirons tous en même temps.

ARKADINA, *après un temps.* Bon, puisque tu restes ici, tâche de ne pas t'ennuyer, ne prends pas froid. Surveille

Delphine Seyrig et Sacha Pitoëff. Mise en scène de Sacha Pitoëff. (Théâtre moderne, 1961).

mon fils. Prends soin de lui. Sermonne-le. *(Un temps.)* Je vais donc m'en aller sans savoir pourquoi Constantin a voulu se suicider. Je crois que la raison principale en est la jalousie, et plus vite j'aurai emmené Trigorine, mieux ça vaudra.

SORINE. Comment te dire ? Il y a d'autres raisons aussi. De toute évidence, c'est un homme jeune, intelligent, il vit à la campagne, un coin perdu, sans argent, sans situation, sans avenir. Aucune occupation. Il a honte et il a peur de son oisiveté. Je l'aime énormément, et lui, il m'est attaché, mais tout de même, à la fin des fins, il a l'impression d'être de trop dans la maison, un parasite, un écornifleur. De toute évidence, c'est l'amour-propre...

ARKADINA. Le chagrin que j'ai avec lui ! *(Songeuse.)* S'il entrait dans l'administration, non...

SORINE *sifflote puis, sans assurance.* Il me semble que le mieux serait que tu... lui donnes un peu d'argent. Avant tout, il a besoin de s'habiller convenablement, et voilà tout. Regarde, il traîne la même redingote depuis trois ans, il n'a pas de manteau... *(Il rit.)* Et puis ça ne lui ferait pas de mal de vadrouiller un peu... Aller à l'étranger, non... Ça ne coûte pas cher.

ARKADINA. Tout de même... Un costume, je peux encore, mais l'étranger... Non, en ce moment, même un costume, je ne peux pas. *(Résolument.)* Je n'ai pas d'argent. *(Sorine rit.)* Non.

SORINE *sifflote.* Bien. Excuse-moi, ma chérie, ne te fâche pas. Je te crois... Tu es une femme noble et généreuse.

ARKADINA, *à travers les larmes.* Je n'ai pas d'argent.

SORINE. Si j'en avais, moi, de l'argent, je lui en donnerais, mais je n'ai rien, pas un sou vaillant. *(Il rit.)* Toute ma retraite est accaparée par mon intendant qui la dépense pour l'agriculture, l'élevage, et mon argent disparaît en pure perte. Les abeilles crèvent, les vaches crèvent, on ne me donne jamais de chevaux...

ARKADINA. Si, j'ai de l'argent, mais je suis actrice ; rien que les toilettes, c'est une ruine.

SORINE. Tu es bonne, ma chérie... Je te respecte... Oui... Mais voilà que je me sens de nouveau un peu... *(Il chancelle.)* J'ai la tête qui tourne. *(Il s'accoude à la table.)* Je me sens mal, et voilà tout.

ARKADINA, *effrayée.* Pétroucha ! *(Essayant de le soutenir.)* Pétroucha, mon chéri... *(Elle crie.)* Venez m'aider ! aidez-moi ! *(Entrent Treplev, un bandeau sur la tête, et Medvedenko.)* Il se trouve mal.

SORINE. Ce n'est rien, ce n'est rien... *(Il sourit et boit de l'eau.)* C'est déjà fini... et voilà tout...

TREPLEV, *à sa mère.* N'aie pas peur, maman, ce n'est pas grave. Ça lui arrive souvent, maintenant. *(A son oncle.)* Il faut t'allonger, mon oncle.

SORINE. Un petit peu, oui... Mais tout de même j'irai en ville... Je vais m'allonger et j'irai... de toute évidence...

   Il s'en va, s'appuyant sur sa canne.

MEDVEDENKO *lui donne le bras.* Vous connaissez la devinette : le matin sur quatre, à midi sur deux, le soir sur trois...

SORINE *rit.* Parfaitement. Et la nuit sur le dos. Je vous remercie, je peux y aller tout seul...

MEDVEDENKO. Allons, pas de cérémonies !...

   Ils sortent.

ARKADINA. Comme il m'a fait peur !

TREPLEV. Ça ne lui réussit pas de vivre à la campagne. Il

languit. Écoute, maman, si tu pouvais avoir un mouvement de générosité, tu lui prêterais quinze cents ou deux
mille roubles, et il pourrait passer toute une année en
ville.

ARKADINA. Je n'ai pas d'argent. Je suis actrice, je ne suis
pas banquier.

Un temps.

TREPLEV. Maman, change-moi mon bandeau. Tu le fais
bien.

ARKADINA *prend dans l'armoire à pharmacie de l'iodo-
forme et une boîte contenant les bandages.* Et le docteur
qui est en retard.

TREPLEV. Il avait promis d'être là à dix heures, il est
midi.

ARKADINA. Assieds-toi. *(Elle lui enlève le pansement.)* On
dirait que tu portes un turban. Hier, à la cuisine, quelqu'un qui venait d'arriver a demandé de quelle nationa-
lité tu étais. Mais c'est presque entièrement cicatrisé. Il
ne reste plus grand-chose. *(Elle pose un baiser sur sa
tête.)* Quand je serai partie, tu ne recommenceras pas à
faire pan ?

TREPLEV. Non, maman. C'était un moment de désespoir
fou, je ne me possédais pas moi-même. Ça ne se repro-
duira pas. *(Il lui baise les mains.)* Tu as des mains de
fée. Je me rappelle, il y a très longtemps, tu jouais
encore dans les théâtres impériaux[1], j'étais petit, il y a
eu une querelle dans notre cour, une locataire, une blanchisseuse, avait été battue très fort. Tu te rappelles ? On
l'avait relevée sans connaissance... tu t'occupais d'elle
tout le temps, tu lui portais des médicaments, tu lavais
ses enfants dans un baquet. Vraiment, tu ne te rappelles
pas ?

ARKADINA. Non.

Elle fait un nouveau pansement.

TREPLEV. A cette époque-là, deux ballerines habitaient la même maison que nous... Elles venaient boire le café avec toi...

ARKADINA. Ça, je m'en souviens.

TREPLEV. Elles étaient si dévotes. *(Un temps.)* Ces temps derniers, ces jours-ci, je t'aime aussi tendrement et totalement que dans mon enfance. A part toi, il ne me reste personne. Mais pourquoi, *pourquoi te soumets-tu à l'influence de cet homme*[1] ?

ARKADINA. Tu ne le comprends pas, Constantin. C'est une personnalité très noble...

TREPLEV. Pourtant, quand on lui a fait savoir que j'avais l'intention de le provoquer en duel, sa noblesse ne l'a pas empêché d'être un lâche. Il s'en va. Il fuit honteusement.

ARKADINA. *Quelle absurdité ! C'est moi qui lui demande de partir*[2].

TREPLEV. Une personnalité très noble ! Nous voilà presque à nous disputer tous les deux à cause de lui, et pendant ce temps-là il est quelque part au salon ou dans le jardin en train de se moquer de nous... il fait l'éducation de Nina, il essaie de la persuader définitivement qu'il est un génie.

ARKADINA. Tu te délectes à me dire des choses désagréables. J'estime cet homme et je te prie de ne pas dire de mal de lui en ma présence.

TREPLEV. Moi, je ne l'estime pas. Tu veux que je le considère moi aussi comme un génie, mais pardonne-moi, je ne sais pas mentir, ses œuvres me donnent la nausée.

ARKADINA. C'est de la jalousie. Les gens sans talent mais

prétentieux n'ont pas d'autre ressource que de nier les talents véritables. Rien à dire, c'est une consolation !

TREPLEV, *ironiquement.* Les talents véritables ! *(Avec colère.)* Si on en est là, alors j'ai plus de talent que vous tous ! *(Il arrache son bandeau.)* C'est vous, les routiniers, qui avez accaparé la première place dans l'art, et vous ne tenez pour légitime et véritable que ce que vous faites vous-mêmes, le reste vous l'opprimez, vous l'étouffez. Je ne vous reconnais pas. Je ne reconnais ni toi ni lui.

ARKADINA. Décadent !...

TREPLEV. Retourne à ton théâtre bien-aimé, va-t'en jouer tes pièces misérables, dérisoires.

ARKADINA. Je n'ai jamais joué de pièces comme ça. Laisse-moi ! Le moindre vaudeville tu n'es pas capable de l'écrire. Bourgeois de Kiev ! Parasite !

TREPLEV. Grippe-sou !

ARKADINA. Loqueteux ! *(Treplev s'assied et pleure doucement.)* Nullité. *(Allant et venant avec agitation.)* Ne pleure pas. Il ne faut pas pleurer... *(Elle pleure.)* Il ne faut pas... *(Elle lui baise le front, les joues, la tête.)* Mon enfant chéri, pardon... Pardonne à ta mère coupable. Pardonne-moi, je suis malheureuse.

TREPLEV, *l'embrassant.* Si tu savais ! J'ai tout perdu. Elle ne m'aime pas, je ne peux plus écrire... tous mes espoirs brisés...

ARKADINA. Il ne faut pas désespérer... Tout s'arrangera. Il part aujourd'hui, elle t'aimera de nouveau. *(Elle lui essuie ses larmes.)* C'est fini. Nous sommes réconciliés.

TREPLEV, *lui baisant les mains.* Oui, maman.

ARKADINA, *tendrement.* Réconcilie-toi aussi avec lui. Pas de duel... N'est-ce pas ?

TREPLEV. Bien... Seulement, maman, permets-moi de ne pas le rencontrer. C'est trop dur pour moi... au-dessus de mes forces... *(Entre Trigorine.)* Le voilà... Je m'en vais... *(Il range vivement les médicaments dans l'armoire à pharmacie.)* Le docteur fera mon pansement plus tard...

TRIGORINE *cherche dans un livre.* Page cent vingt et un... lignes onze et douze... Voilà... *(Il lit.)* « Si un jour tu as besoin de ma vie, viens et prends-la. »

Treplev ramasse le pansement tombé à terre et sort.

ARKADINA, *après avoir regardé sa montre.* Les chevaux vont bientôt arriver.

TRIGORINE, *à part soi.* Si un jour tu as besoin de ma vie, viens et prends-la.

ARKADINA. Tu as fini tes valises, j'espère ?

TRIGORINE, *avec impatience.* Oui, oui... *(Songeur.)* D'où vient que dans cet appel d'une âme pure j'ai perçu la tristesse, et que mon cœur soit si douloureusement serré ?... Si un jour tu as besoin de ma vie, viens et prends-la. *(A Arkadina.)* Restons encore une journée. *(Arkadina fait non de la tête.)* Restons.

ARKADINA. Mon chéri, je sais ce qui te retient ici. Mais domine-toi. Tu es un peu ivre, dégrise-toi.

TRIGORINE. Toi aussi, dégrise-toi, sois intelligente, raisonnable, je t'en supplie, tâche de voir les choses comme une amie véritable... *(Il lui prend la main et la serre.)* Tu es capable de sacrifices... Sois un ami pour moi, rends-moi la liberté.

ARKADINA, *fortement émue.* Tu es si épris ?

TRIGORINE. Je me sens attiré vers elle. C'est peut-être exactement ce qui m'est nécessaire.

ARKADINA. L'amour de la petite fille de province ? Oh !
comme tu te connais mal !

TRIGORINE. Parfois on dort en marchant, ainsi je te parle,
et il me semble que je dors, je la vois en rêve... Je suis
envahi de rêves délicieux, merveilleux... Rends-moi la
liberté...

ARKADINA, *tremblante*. Non, non. Je suis une femme
comme les autres, il ne faut pas me parler comme ça...
Ne me torture pas, Boris... J'ai peur...

TRIGORINE. Si tu le veux, tu peux être une femme pas
comme les autres. L'amour juvénile, gracieux, poétique,
l'amour qui vous transporte dans le monde des rêves —
c'est la seule chose qui puisse donner le bonheur ! Cet
amour-là, je ne l'ai encore jamais vécu... Dans ma
jeunesse, je n'avais pas le temps, je faisais antichambre
dans les rédactions, je luttais contre le besoin... Maintenant il est là, cet amour, il appelle... Quel sens y a-t-il à
le fuir ?

ARKADINA, *en colère*. Tu es devenu fou ?

TRIGORINE. Et après ?

ARKADINA. Vous vous êtes tous ligués ce matin pour me
torturer.

Elle pleure.

TRIGORINE *se prend la tête à deux mains*. Elle ne comprend pas ! Elle ne veut pas comprendre !

ARKADINA. Suis-je donc si vieille et si laide qu'on puisse
me parler des autres femmes sans se gêner ? *(Elle l'en-
lace et l'embrasse.)* Oh ! tu as perdu la tête ! Mon beau,
mon merveilleux... Tu es la dernière page de ma vie.
(Elle se met à genoux.) Ma joie, ma fierté, mon bonheur... *(Elle lui embrasse les genoux.)* Si tu me quittes,

même une heure, je n'y survivrai pas, je deviendrai folle, mon extraordinaire, magnifique, mon maître...

TRIGORINE. Quelqu'un peut entrer.

Il l'aide à se relever.

ARKADINA. Ça m'est égal, je n'ai pas honte de mon amour pour toi. *(Elle lui baise les mains.)* Mon trésor, tête folle, tu veux faire des bêtises, mais je ne veux pas, je ne te laisserai pas... *(Elle rit.)* Tu es à moi... tu es à moi... Ce front est à moi, et ces yeux à moi, et ces beaux cheveux de soie sont aussi à moi... Tu es tout à moi. Tu as tant de talent, d'intelligence, tu es le meilleur de tous les écrivains d'aujourd'hui, tu es l'unique espoir de la Russie... Tu as tant de sincérité, de simplicité, de fraîcheur, d'humour sain... D'un seul trait, tu sais rendre l'essentiel, le caractère d'un visage ou d'un paysage, tes personnages sont comme vivants. Oh! on ne peut pas te lire sans enthousiasme! Tu crois que je t'encense? Que je te flatte? Allons, regarde-moi dans les yeux... regarde... Est-ce que je ressemble à une menteuse? Tu vois, il n'y a que moi qui sache t'apprécier; que moi pour te dire la vérité, mon chéri, ma merveille... Tu viendras? Oui? Tu ne m'abandonneras pas?...

TRIGORINE. Je n'ai pas de volonté à moi... Je n'ai jamais eu de volonté à moi... Indolent, veule, toujours docile — est-ce vraiment cela qui plaît aux femmes? Emmène-moi, emporte-moi, seulement ne me laisse pas faire un pas sans toi...

ARKADINA, *à part soi.* Maintenant, il est à moi. *(D'un ton détaché, comme si de rien n'était.)* Après tout, si tu veux, tu peux rester. Je partirai seule, tu me rejoindras dans une semaine. En effet, pourquoi se presser?

TRIGORINE. Non, à présent, nous partirons ensemble.

ARKADINA. Comme tu veux. Bon, alors ensemble... *(Un*

temps. Trigorine note quelque chose dans son carnet.) Qu'est-ce que tu fais ?

TRIGORINE. Ce matin, j'ai entendu une jolie expression : « la forêt aux filles... » Je m'en servirai. *(Il s'étire.)* Alors, on part ? Ça recommence, les wagons, les gares, les buffets, les côtelettes, les conversations...

CHAMRAIEV, *entrant*. J'ai l'honneur de vous annoncer avec regret que les chevaux sont prêts. C'est l'heure, ma chère madame, de partir pour la gare ; le train est dans deux heures cinq. A propos, Irina Nikolaievna, faites-moi la grâce de ne pas oublier de demander où se trouve actuellement l'acteur Souzdaltsev, s'il est toujours vivant, s'il se porte bien. On en a bu, des verres ensemble... Dans *L'Attaque du courrier*, il était inimitable... Avec lui à l'époque, à Elizavetgrad, il y avait Izmaïlov, le tragédien, lui aussi une personnalité remarquable... Ne vous pressez pas, ma chère madame, on a encore cinq minutes. Une fois, dans un mélodrame, ils jouaient deux conspirateurs, au moment où ils se faisaient pincer, il fallait dire : « Nous sommes perdus », et Izmaïlov qui dit : « Nous sommes derpus »... *(Il rit aux éclats.)* Derpus !...

Pendant qu'il parle, Iakov s'affaire aux valises, la femme de chambre apporte à Arkadina son chapeau, son manteau, son parapluie, ses gants ; tout le monde aide Arkadina à s'habiller. Par la porte de gauche apparaît le cuisinier, qui finit par entrer, indécis. Entrent Paulina Andréievna, puis Sorine et Medvedenko.

PAULINA ANDREIEVNA, *avec un petit panier*. Voilà des prunes pour le voyage... Elles sont très sucrées. Vous aurez peut-être envie de vous régaler...

ARKADINA. Vous êtes trop bonne, Paulina Andréievna.

PAULINA ANDREIEVNA. Adieu, ma chère ! Si quelque

*Rellys, Evelyne Istria, Roland Bertin, Michelle Marquais.
Mise en scène de Lucian Pintilié (Th. de la Ville, 1975).*

chose n'a pas été comme il fallait, je vous demande pardon.

Elle pleure.

ARKADINA, *l'embrassant.* Tout a été bien, tout a été bien. Seulement il ne faut pas pleurer.

PAULINA ANDREIEVNA. Notre temps passe !

ARKADINA. Qu'est-ce qu'on peut y faire ?

SORINE, *en manteau à pèlerine, coiffé d'un chapeau, apparaît par la porte de gauche.* Ma sœur, il est temps, on finira par être en retard, à la fin des fins. Je monte en voiture.

Il sort.

MEDVEDENKO. Moi, j'irai à la gare à pied... je veux vous accompagner. Je ferai vite...

Il sort.

ARKADINA. Au revoir, mes amis... Si nous sommes de ce monde et bien portants, nous nous reverrons l'été prochain... *(La femme de chambre, Iakov et le cuisinier lui baisent la main.)* Ne m'oubliez pas. *(Elle donne un rouble au cuisinier.)* Voilà un rouble, c'est pour vous trois.

LE CUISINIER. Merci beaucoup, madame. Bon voyage. On vous remercie bien.

IAKOV. Que le bon Dieu vous protège !

CHAMRAIEV. Un petit mot nous fera plaisir. Adieu, Boris Alexéiévitch.

ARKADINA. Où est Constantin ? Dites-lui que je pars. Nous devons nous dire adieu. Allons, ne gardez pas un trop mauvais souvenir de nous. *(A Iakov.)* J'ai donné un rouble au cuisinier. C'est pour vous trois.

Tout le monde s'en va du côté droit. La scène est vide.

Derrière la scène, on entend le bruit habituel des adieux.
La femme de chambre entre pour prendre la corbeille de
prunes sur la table, et ressort.

TRIGORINE, *rentrant.* J'ai oublié ma canne. Elle doit être
là-bas, sur la terrasse. *(Il se dirige vers la porte de gauche*
et rencontre Nina qui entre.) C'est vous? Nous partons.

NINA. Je sentais que nous nous reverrions. *(Émue.)* Boris
Alexéiévitch, j'ai pris une décision irrévocable, le sort en
est jeté, je ferai du théâtre. Demain, je ne serai plus ici,
je quitte mon père, j'abandonne tout, je commence une
nouvelle vie... Je m'en vais, comme vous... à Moscou.
Nous nous verrons là-bas.

TRIGORINE, *après un regard autour de lui.* Descendez au
« Bazar slave »... Prévenez-moi tout de suite... Rue
Moltchanovka, maison Grokholski... Je me dépêche...

    Un temps.

NINA. Encore une minute...

TRIGORINE, *à mi-voix.* Vous êtes si belle... Oh! quel bonheur de penser que nous nous verrons bientôt! *(Elle se*
penche sur sa poitrine.) Je verrai encore ces yeux merveilleux, ce sourire inexprimablement beau et tendre...
ces traits si doux, l'expression de la pureté angélique...
Ma chérie...

    Baiser prolongé.

    Rideau.

    Deux ans se passent entre le troisième et le quatrième
acte.

Acte IV

2 ans + tard.

Un salon dans la maison de Sorine, transformé par Constantin Treplev en cabinet de travail. A droite et à gauche, des portes donnant sur les pièces intérieures. En face, une porte vitrée donnant sur la terrasse. Outre le mobilier habituel d'un salon, il y a un bureau dans le coin à droite, un divan turc près de la porte de gauche, une bibliothèque, des livres sur les rebords de fenêtres, sur les chaises. C'est le soir. Le salon n'est éclairé que par une lampe à abat-jour. Pénombre. On entend le bruit des arbres et le hurlement du vent dans la cheminée. Le gardien de nuit frappe ses palettes de bois[1].
Entrent Medvedenko et Macha.

MACHA *appelle.* Constantin Gavrilovitch ! Constantin Ga-vrilovitch ! *(Regardant autour d'elle.)* Il n'y a personne. Le vieux demande à chaque instant où est Kostia... Il ne peut pas vivre sans lui...

MEDVEDENKO. Il craint la solitude. *(Prêtant l'oreille.)* Quel temps affreux ! Déjà deux jours.

MACHA *remonte la mèche de la lampe.* Il y a des vagues sur le lac. Énormes.

MEDVEDENKO. Il fait noir dans le jardin. Il faudrait dire qu'on démolisse ce théâtre dans le jardin. Il est là, nu, hideux, comme un squelette, et le vent fait claquer le rideau. Hier soir, en passant, j'ai cru entendre quelqu'un qui pleurait dedans...

MACHA. Allons donc...

Un temps.

MEDVEDENKO. Viens, Macha, rentrons.

MACHA *fait non de la tête.* Je passe la nuit ici.

MEDVEDENKO, *suppliant.* Macha, viens. Notre petit doit avoir faim.

MACHA. Des bêtises. Matriona le fera manger.

Un temps.

MEDVEDENKO. Ce n'est pas bien. Ça va faire trois nuits sans sa mère.

MACHA. Tu es devenu ennuyeux. Autrefois, au moins, il t'arrivait de philosopher, maintenant c'est : le petit, rentrons, le petit, rentrons — tu ne sais plus dire que ça.

MEDVEDENKO. Viens, Macha !

MACHA. Vas-y tout seul.

MEDVEDENKO. Ton père ne me donnera pas les chevaux.

MACHA. Mais si. Tu n'as qu'à lui demander, il te les donnera.

MEDVEDENKO. Bon, je vais lui demander. Alors, tu viendras demain ?

MACHA *prise du tabac.* Bon, demain. Tu m'ennuies... *(Entrent Treplev et Paulina Andréievna ; Treplev porte des oreillers et une couverture, et Paulina Andréievna des draps ; ils posent tout cela sur le divan, puis Treplev va à son bureau et s'assied.)* C'est pourquoi, ça, maman ?

PAULINA ANDREIEVNA. C'est Piotr Nikolaiévitch qui a demandé qu'on lui fasse un lit chez Kostia.

MACHA. Laissez-moi faire.

Elle fait le lit.

PAULINA ANDREIEVNA, *après un soupir.* Les vieux, c'est comme les enfants...

Elle va au bureau, s'accoude et regarde un manuscrit.

Un temps.

MEDVEDENKO. Alors j'y vais. Adieu, Macha. *(Il baise la main de sa femme.)* Adieu, ma mère.

Il veut baiser la main de sa belle-mère. `

PAULINA ANDREIEVNA, *agacée.* C'est bon, va, que Dieu te garde !

MEDVEDENKO. Adieu Constantin Gavrilovitch.

Treplev lui donne la main sans répondre ; Medvedenko sort.

PAULINA ANDREIEVNA, *regardant le manuscrit.* Personne n'aurait pu se douter que vous deviendriez un véritable écrivain, Kostia. Et, Dieu merci, voilà que les revues commencent même à vous envoyer de l'argent. *(Elle passe la main sur les cheveux de Treplev.)* Et comme il est beau... Mon Kostia, mon cher Kostia, soyez un peu plus gentil avec ma petite Macha !...

MACHA, *faisant le lit.* Laissez-le, maman.

PAULINA ANDREIEVNA, *à Treplev.* Elle est mignonne. *(Un temps.)* Une femme, Kostia, n'a besoin de rien d'autre que d'un regard gentil. Je le sais par expérience.

Treplev se lève de la table et sort en silence.

MACHA. Voilà, vous l'avez fâché ! C'était bien la peine de l'ennuyer.

PAULINA ANDREIEVNA. J'ai du chagrin pour toi, ma petite Macha.

MACHA. Il y a vraiment de quoi !

PAULINA ANDREIEVNA. J'ai le cœur bien gros pour toi. Tu sais, je vois tout, je comprends tout.

MACHA. Tout ça, c'est des sottises. L'amour sans espoir, ce n'est que dans les romans. Des bêtises. Surtout, il ne faut pas se laisser aller, ne pas se contenter d'attendre quelque chose, attendre sans rien faire... Quand l'amour s'est installé dans un cœur, il faut le mettre dehors. Ils ont promis la mutation de mon mari dans un autre district. Une fois là-bas, j'oublierai tout... j'arracherai ça de mon cœur, avec les racines.

On entend une valse mélancolique, deux chambres plus loin.

PAULINA ANDREIEVNA. C'est Kostia qui joue. Cela veut dire qu'il est malheureux.

MACHA *fait deux ou trois tours de valse, silencieusement.* L'important, maman, c'est de ne pas l'avoir devant les yeux. Pourvu qu'on obtienne la mutation de Sémion, et là-bas, je vous assure, en un mois je l'aurai oublié. Des bêtises, tout ça.

La porte de gauche s'ouvre. Dorn et Medvedenko poussent le fauteuil de Sorine.

MEDVEDENKO. Maintenant, à la maison, nous sommes six. Et la farine est à soixante-dix kopecks le *poud*[1].

DORN. Allez vous débrouiller avec ça !

MEDVEDENKO. Vous pouvez rire. Vous êtes cousu d'or.

DORN. Cousu d'or ? En trente années d'une pratique, mon cher ami, d'une pratique incessante où je ne m'appartenais ni le jour ni la nuit, j'ai tout juste réussi à amasser deux mille roubles, et je viens de les dépenser à l'étranger. Je n'ai rien.

MACHA, *à son mari*. Tu n'es pas parti ?

MEDVEDENKO, *d'un ton coupable*. Eh quoi ? Quand on ne vous donne pas de chevaux !

MACHA, *avec un dépit amer, à mi-voix*. Si je pouvais ne plus te voir !

> *Le fauteuil s'arrête dans la partie gauche de la pièce ; Paulina Andréievna, Macha et Dorn s'assoient à côté, Medvedenko s'écarte, affligé.*

DORN. Que de changements chez vous, tout de même ! Du salon vous avez fait un cabinet de travail.

MACHA. Constantin Gavrilovitch est plus à son aise ici pour travailler. Quand il en a envie, il peut sortir dans le jardin pour réfléchir.

> *On entend le bruit du gardien qui fait sa ronde.*

SORINE. Où est ma sœur ?

DORN. Elle est allée à la gare chercher Trigorine. Elle va rentrer tout de suite.

SORINE. Si vous avez jugé nécessaire de faire venir ma sœur ici, cela veut dire que je suis gravement malade. *(Après un moment.)* C'est un monde : je suis gravement malade, et on ne me donne aucun médicament.

DORN. Mais qu'est-ce que vous voulez ? Des gouttes de valériane ? Du bicarbonate ? De la quinine ?

SORINE. Bon ! Vous recommencez la philosophie. Ah ! quel supplice ! *(Il montre le divan de la tête.)* C'est pour moi qu'on a fait ce lit ?

PAULINA ANDREIEVNA. Pour vous, Piotr Nikolaiévitch.

SORINE. Je vous remercie.

DORN, *chantonnant.* « *La lune glisse aux cieux noctur-nes*[1]... »

SORINE. Moi, j'ai un sujet de nouvelle à donner à Kostia. Cela devra s'appeler : « L'homme qui a voulu. » *L'homme qui a voulu*[2]. Dans ma jeunesse, j'ai voulu devenir littérateur et je ne le suis pas devenu ; j'ai voulu être éloquent, et je parle d'une façon répugnante *(il se singe soi-même)* : « Et voilà, et voilà tout, et c'est-à-dire, et par exemple... », et de ces résumés qui traînaient, qui traînaient, j'en attrapais des suées ; j'ai voulu me marier et je ne me suis pas marié ; j'ai voulu toujours vivre en ville et puis je finis ma vie à la campagne, et voilà tout.

DORN. J'ai voulu devenir conseiller d'État actuel, je le suis devenu.

SORINE *rit.* Ça, je ne l'ai pas fait exprès, c'est venu tout seul.

DORN. Exprimer son insatisfaction de la vie à soixante-deux ans, vous m'accorderez que cela manque de grandeur.

SORINE. Ce qu'il est entêté ! Comprenez que j'ai envie de vivre !

DORN. C'est un manque de sérieux. Selon les lois de la nature, toute vie doit avoir sa fin.

SORINE. Vous raisonnez comme un homme comblé. Vous êtes comblé, et c'est pourquoi la vie vous est indifférente, tout vous est égal. Mais vous aussi, vous aurez peur de mourir.

DORN. La peur de la mort est une peur animale... Il faut la réprimer. Les seuls qui ont consciemment peur de la mort sont ceux qui croient en la vie éternelle, ils craignent à cause de leurs péchés. Mais vous, premièrement vous n'êtes pas croyant, deuxièmement quels peuvent être vos péchés ? Vous avez appartenu vingt-cinq ans au ministère de la Justice, un point c'est tout.

SORINE, *riant.* Vingt-huit...

> *Entre Treplev ; il s'assied sur un tabouret aux pieds de Sorine. Macha ne le quitte pas des yeux.*

DORN. Nous empêchons Constantin Gravilovitch de travailler.

TREPLEV. Non, ça ne fait rien.

> *Un temps.*

MEDVEDENKO. Permettez-moi de vous demander, docteur, quelle est la ville à l'étranger que vous avez le plus aimée ?

DORN. Gênes.

TREPLEV. Pourquoi Gênes ?

DORN. A cause de l'admirable foule des rues. Le soir, on sort de son hôtel, et la rue est toujours noire de monde. On circule sans but dans cette foule, de-ci de-là, en ligne brisée, on vit avec elle, on s'unit à elle psychiquement et on se met à croire qu'elle est en effet possible, cette âme unique universelle, du genre de celle qu'avait interprétée dans votre pièce autrefois Nina Zaretchnaïa. A propos, où est-elle, maintenant, Zaretchnaïa ? Où est-elle, et qu'est-ce qu'elle devient ?

TREPLEV. Je suppose qu'elle va bien.

DORN. On m'avait dit qu'elle avait mené une sorte de vie un peu particulière. Qu'est-ce qu'il en est ?

TREPLEV. C'est une longue histoire, docteur.

DORN. Mais en deux mots.

> *Un temps.*

TREPLEV. Elle s'est enfuie de chez elle et s'est mise avec Trigorine. Vous êtes au courant ?

DORN. Oui, je sais.

TREPLEV. Elle a eu un enfant. L'enfant est mort. Trigorine a cessé de l'aimer et est retourné à ses anciennes affections, comme il fallait s'y attendre. D'ailleurs il ne les avait jamais laissées, mais par manque de caractère il se débrouillait tantôt ici tantôt là. Pour autant que j'aie pu comprendre de ce que j'ai appris, la vie personnelle de Nina a été un échec.

DORN. Et le théâtre ?

TREPLEV. Encore plus mal, je crois. Elle a débuté dans un théâtre de villégiature aux environs de Moscou, après elle est partie en province. A cette époque-là, je ne la perdais pas de vue, et pendant quelque temps je l'ai suivie partout où elle allait. Elle ne s'attaquait qu'aux grands rôles, mais elle jouait grossièrement, sans goût, avec des hurlements, des gestes brusques. Elle avait des moments de talent, un cri parfois, une mort, mais ce n'était que des moments.

DORN. Donc il y a quand même du talent ?

TREPLEV. Difficile à comprendre. Sans doute, oui. Je la voyais, mais elle ne voulait pas me voir, et dans les hôtels les domestiques ne me laissaient pas aller jusqu'à sa chambre. Je comprenais son état d'esprit, je n'insistais pas pour la revoir. *(Un temps.)* Que vous dire encore ? Plus tard, après mon retour à la maison, j'ai reçu d'elle des lettres. Des lettres intelligentes, chaleureuses, intéressantes ; elle ne se plaignait pas, mais je la sentais profondément malheureuse ; chaque ligne : un nerf malade, tendu. Et l'imagination un peu brouillée. Elle signait la Mouette. Dans *La Roussalka*[1], le meunier dit qu'il est un corbeau ; dans ses lettres, elle répétait sans

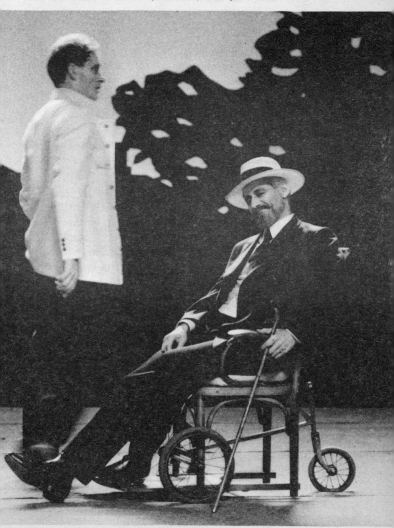

J.-C. Jay (assis). *Mise en scène d'Antoine Vitez
(Chaillot, 1984).*

cesse qu'elle était une mouette. Maintenant elle est ici.

DORN. Comment cela, ici ?

TREPLEV. En ville, à l'auberge. Elle a pris une chambre il y a quelque chose comme cinq jours. J'ai essayé d'y aller, et Maria Ilinitchna[1] y est allée aussi, mais elle ne reçoit personne. Sémion Sémionovitch affirme l'avoir vue hier après le déjeuner dans la campagne, à deux verstes d'ici.

MEDVEDENKO. Oui, je l'ai vue. Elle s'éloignait d'ici, vers la ville. Je l'ai saluée, je lui ai demandé pourquoi elle ne venait pas nous voir. Elle a dit qu'elle viendrait.

TREPLEV. Elle ne viendra pas. *(Un temps.)* Son père et sa belle-mère ne veulent plus la connaître. Ils ont mis des gardiens partout, pour ne pas la laisser approcher de leur propriété. *(Il s'écarte vers le bureau, en compagnie du docteur.)* Comme c'est facile, docteur, d'être philosophe sur le papier ; comme c'est difficile dans la réalité !

SORINE. C'était une jeune fille charmante.

DORN. Pardon ?

SORINE. Charmante, je dis que c'était une charmante jeune fille. Le conseiller d'État Sorine fut même, un temps, amoureux d'elle.

DORN. Vieux Don Juan[2] !

On entend le rire de Chamraiev.

PAULINA ANDREIEVNA. Je crois bien qu'ils viennent d'arriver de la gare...

TREPLEV. Oui, j'entends maman.

Entrent Arkadina, Trigorine, suivis de Chamraiev.

CHAMRAIEV, *entrant.* Nous vieillissons tous, nous sommes décrépits sous l'influence des éléments, et vous, ma

chère madame, vous êtes toujours jeune... Corsage clair,
vivacité... grâce...

ARKADINA. Vous voulez encore me porter malheur,
ennuyeux personnage !

TRIGORINE, *à Sorine.* Bonjour, Piotr Nikolaiévitch ! Alors,
toujours malade ? Ce n'est pas bien. *(Voyant Macha,
joyeusement.)* Maria Ilinitchna !

MACHA. Vous me reconnaissez ?

Elle lui serre la main.

TRIGORINE. Mariée ?

MACHA. Depuis longtemps.

TRIGORINE. Heureuse ? *(Il salue Dorn et Medvedenko, puis
se dirige, indécis, vers Treplev.)* Irina Nikolaievna m'a dit
que vous avez oublié le passé et que vous n'êtes plus
fâché.

Treplev lui tend la main.

ARKADINA, *à son fils.* Boris Alexéiévitch a apporté la
revue avec ton dernier récit.

TREPLEV, *prenant la revue à Trigorine.* Je vous remercie.
Vous êtes très aimable.

Ils s'assoient.

TRIGORINE. Je vous apporte le salut de vos admirateurs...
A Pétersbourg et à Moscou, on s'intéresse beaucoup à
vous, et on m'interroge sans cesse sur votre compte.
Comment il est, quel âge a-t-il, brun ou blond. Tout le
monde pense, je ne sais pourquoi, que vous n'êtes plus
très jeune. Et personne ne connaît votre nom véritable,
puisque vous publiez sous un pseudonyme. Vous êtes
mystérieux comme le Masque de Fer[1].

TREPLEV. Vous êtes ici pour longtemps ?

TRIGORINE. Non, dès demain je pense repartir pour Moscou. Il le faut. J'ai une nouvelle à terminer très vite, et après cela j'ai promis de donner quelque chose pour un recueil. En un mot, toujours la même histoire. *(Tandis qu'ils causent, Arkadina et Paulina Andréievna installent une table de jeu au milieu de la pièce et la déploient ; Chamraiev allume des bougies, place les chaises. On sort de l'armoire un jeu de loto.)* Le climat ne m'a pas accueilli très gentiment. Il fait un vent terrible. Demain matin, si ça se calme, j'irai au lac, pêcher. D'ailleurs, il faut que j'aille voir le jardin et cet endroit — vous vous souvenez ? — où on a joué votre pièce. J'ai une idée qui a mûri, il faut un peu que je me rafraîchisse la mémoire du lieu de l'action.

MACHA, *à son père.* Papa, permets à mon mari de prendre le cheval. Il faut qu'il rentre.

CHAMRAIEV *la singe.* Le cheval... il faut qu'il rentre... *(Sévèrement.)* Tu as bien vu toi-même : on vient de l'envoyer à la gare. Je ne lui ferai pas faire une nouvelle course.

MACHA. Mais il y a d'autres chevaux... *(Voyant que son père garde le silence, elle fait un geste de découragement.)* Avoir affaire à vous...

MEDVEDENKO. Macha, j'irai à pied. Vraiment...

PAULINA ANDREIEVNA, *après un soupir.* A pied, par un temps pareil... *(Elle s'assied à la table de jeu.)* S'il vous plaît, messieurs-dames.

MEDVEDENKO. Oh ! il n'y a que six verstes... Adieu... *(Il baise la main de sa femme.)* Adieu, ma mère. *(Sa belle-mère lui donne de mauvaise grâce sa main à baiser.)* Je n'aurais dérangé personne, c'est pour le petit... *(Il salue tout le monde.)* Adieu...

Il sort ; il marche d'un air coupable.

CHAMRAIEV. Il peut bien y aller à pied. Ce n'est pas un général.

PAULINA ANDREIEVNA *frappe sur la table.* S'il vous plaît, messieurs-dames. Ne perdons pas de temps, on va bientôt nous appeler pour souper.

Chamraiev, Macha et Dorn s'assoient à la table.

ARKADINA, *à Trigorine.* Quand arrivent les longues soirées d'automne, ici, on joue au loto. Regardez : c'est un vieux loto, notre mère y jouait avec nous quand nous étions enfants. Vous ne voulez pas faire une partie avec nous avant le souper ? *(Elle prend place à la table avec Trigorine.)* C'est un jeu ennuyeux, mais quand on est habitué, ça va.

Elle donne trois cartes à chacun.

TREPLEV, *feuilletant la revue.* Sa nouvelle, il l'a lue ; la mienne il ne l'a même pas coupée.

Il pose la revue sur le bureau, puis se dirige vers la porte de gauche ; en passant devant sa mère, il pose un baiser sur sa tête.

ARKADINA. Et toi, Kostia ?

TREPLEV. Excuse-moi, je n'ai pas très envie... Je vais faire un tour.

Il sort.

ARKADINA. La mise est de dix kopecks. Misez pour moi, docteur.

DORN. A vos ordres.

MACHA. Tout le monde a fait sa mise ? Je commence... Vingt-deux !

ARKADINA. Moi.

MACHA. Trois !...

DORN. Ça va.

MACHA. Ça y est, le trois ? Huit ! Quatre-vingt-un ! Dix !

CHAMRAIEV. Pas si vite.

ARKADINA. L'accueil que j'ai reçu à Kharkov ! Seigneur ! J'en suis encore étourdie !

MACHA. Trente-quatre !

On joue en coulisse une valse mélancolique.

ARKADINA. Les étudiants m'ont fait une ovation... Trois corbeilles, deux couronnes et tenez...

Elle ôte une broche de sa poitrine et la jette sur la table.

CHAMRAIEV. Oui, ça, c'est quelque chose...

MACHA. Cinquante !...

DORN. Cinquante juste ?

ARKADINA. J'avais une toilette extraordinaire... On dira ce qu'on voudra, mais pour m'habiller j'ai oublié d'être sotte.

PAULINA ANDREIEVNA. C'est Kostia qui joue. Il souffre, le pauvre.

CHAMRAIEV. Les journaux disent beaucoup de mal de lui.

MACHA. Soixante-dix-sept !

ARKADINA. Ça ne vaut pas la peine d'y prêter attention.

TRIGORINE. Il n'a pas de chance. Il n'arrive toujours pas à trouver son ton véritable. C'est un peu étrange, indéterminé, parfois cela a quelque chose de délirant. Jamais un personnage vivant.

MACHA. Onze !

ARKADINA, *se retournant sur Sorine.* Pétroucha, tu t'ennuies ? *(Un temps.)* Il dort.

DORN. Il dort, le conseiller d'État actuel.

MACHA. Sept ! Quatre-vingt-dix !

TRIGORINE. Si j'avais vécu dans une propriété comme
celle-ci, au bord de ce lac, pensez-vous que je me serais
mis à écrire ? J'aurais vaincu en moi cette passion et je
n'aurais pas fait autre chose que pêcher à la ligne.

MACHA. Vingt-huit !

TRIGORINE. Prendre une grémille ou une perche, c'est une
telle félicité !

DORN. Moi, je crois en Constantin Gavrilovitch. Il a quelque chose ! Il a quelque chose ! Il pense en images, ses
récits sont colorés, brillants, je les sens très fortement.
Dommage seulement qu'il ne se fixe pas de tâches précises. Il fait impression, rien de plus, or l'impression, ça
ne suffit pas. Irina Nikolaïevna, vous êtes contente
d'avoir un fils écrivain ?

ARKADINA. Figurez-vous que je n'ai encore rien lu de lui.
Je n'ai jamais le temps.

MACHA. Vingt-six !

    Treplev entre doucement et va à son bureau.

CHAMRAIEV, *à Trigorine.* Vous savez, Boris Alexéiévitch,
que nous avons gardé un objet à vous ?

TRIGORINE. Quoi ?

CHAMRAIEV. Un jour, Constantin Gavrilovitch avait tué
une mouette et vous m'aviez chargé de la faire empailler.

TRIGORINE. Je ne m'en souviens pas. *(Réfléchissant.)* Je ne
m'en souviens pas.

MACHA. Soixante-six ! Un !

TREPLEV *ouvre la fenêtre toute grande, et tend l'oreille.* Comme il fait sombre ! Je ne comprends pas pourquoi j'éprouve une telle inquiétude.

ARKADINA. Kostia, ferme la fenêtre, ça fait un courant d'air.

Treplev ferme la fenêtre.

MACHA. Quatre-vingt-huit !

TRIGORINE. J'ai gagné, mesdames et messieurs.

ARKADINA, *gaiement.* Bravo ! Bravo !

CHAMRAIEV. Bravo !

ARKADINA. Tout lui réussit toujours à cet homme-là. *(Elle se lève.)* Maintenant, allons manger quelque chose. Notre célébrité n'a pas dîné aujourd'hui. On continuera après souper. *(A son fils.)* Kostia, laisse tes manuscrits, allons manger.

TREPLEV. Je ne veux pas, maman. Je n'ai pas faim.

ARKADINA. Comme tu voudras. *(Elle réveille Sorine.)* Pétroucha, on va souper ! *(Elle prend Chamraiev par le bras.)* Je vais vous raconter comment j'ai été accueillie à Kharkov...

Paulina Andréievna éteint les bougies sur la table, puis, avec Dorn, elle pousse le fauteuil roulant. Tous sortent par la porte de gauche ; Treplev reste seul en scène, à son bureau.

TREPLEV *s'apprête à écrire ; il parcourt ce qui a déjà été écrit.* J'ai tant parlé des nouvelles formes, et maintenant je sens que moi-même, peu à peu, je glisse dans la routine. *(Il lit.)* « Une affiche sur une palissade proclamait... Un pâle visage encadré de cheveux noirs... » Proclamait, encadré... C'est médiocre. *(Il biffe.)* Je commencerai au moment où le héros est éveillé par le bruit de la pluie, le

reste est à jeter. La description du soir de lune est longue
et recherchée. Trigorine a mis au point des procédés[1],
pour lui c'est facile... Avec lui, un goulot de bouteille
cassée brillant sur le barrage, l'ombre noire de la roue du
moulin, et voilà une nuit de lune toute prête, tandis que
moi, c'est la lumière frémissante, et le paisible scintille-
ment des étoiles, et les sons lointains d'un piano expi-
rant dans l'air doux et parfumé... Quelle torture ! *(Un
temps.)* Oui, et j'en arrive de plus en plus à la conviction
que la chose qui compte, ce n'est pas les formes, vieilles
ou nouvelles, mais le fait que l'homme écrive sans penser à aucune forme, qu'il écrive parce que cela coule
librement de son âme. *(On frappe à la fenêtre la plus
proche du bureau de Treplev.)* Qu'est-ce que c'est ? *(Il
regarde à la fenêtre.)* On ne voit rien... *(Il ouvre la porte
vitrée et regarde dans le jardin.)* Il y a quelqu'un qui
vient de descendre les marches en courant. *(Il appelle).*
Qui est là ? *(Il sort ; on l'entend marcher rapidement sur
la terrasse ; une demi-minute après, il rentre avec Nina
Zaretchnaïa.)* Nina ! Nina ! *(Nina pose la tête sur sa poitrine et sanglote doucement. Treplev, bouleversé.)* Nina !
Nina ! C'est vous... vous... J'avais comme un pressenti-
ment, toute la journée j'ai eu le cœur affreusement serré.
(Il lui ôte son chapeau et sa pèlerine à la Talma.) Oh !
ma bonne, ma chérie, elle est venue ! Nous n'allons pas
pleurer, non.

NINA. Il y a quelqu'un ici.

TREPLEV. Personne.

NINA. Fermez les portes à clef, on peut entrer.

TREPLEV. Personne n'entrera.

NINA. Je sais qu'Irina Nikolaievna est là. Fermez les
   portes...

TREPLEV *ferme la porte de droite à clef, va vers la gauche.*

Là, il n'y a pas de serrure. Je vais mettre un fauteuil. *(Il place un fauteuil devant la porte.)* N'ayez pas peur, personne ne viendra.

NINA *lui regarde fixement le visage.* Laissez-moi vous regarder. *(Elle regarde autour d'elle.)* Il fait chaud, on est bien... Ici, avant, c'était un salon. J'ai beaucoup changé ?

TREPLEV. Oui... Vous avez maigri, et vos yeux sont plus grands. Nina, c'est un peu étrange pour moi de vous voir. Pourquoi ne m'avez-vous pas laissé approcher de vous ? Pourquoi n'êtes-vous pas venue plus tôt ? Je sais que vous êtes ici depuis près d'une semaine... Plusieurs fois par jour je suis allé vous voir, je restais sous votre fenêtre, comme un mendiant.

NINA. Je craignais que vous me haïssiez. Toutes les nuits je rêve que vous me regardez et que vous ne me reconnaissez pas. Si vous saviez ! Depuis mon arrivée, je viens ici sans cesse... autour du lac. Autour de votre maison je suis venue plusieurs fois et je n'ai pas osé entrer. Asseyons-nous. *(Ils s'assoient.)* Nous allons nous asseoir et parler, parler. On est bien ici, c'est chaud, c'est confortable... Vous entendez : il y a du vent ? Il y a un passage dans Tourguéniev : « Heureux celui qui par de telles nuits reste à l'abri d'une maison, heureux qui a son coin chaud[1]. » Je suis une mouette... Non ce n'est pas ce que je veux dire. *(Elle se passe la main sur le front.)* De quoi je parlais ?... Tourguéniev... « Et que le Seigneur vienne en aide à tous les vagabonds sans asile... » Ce n'est rien.

Elle sanglote.

TREPLEV. Nina, vous recommencez... Nina !

NINA. Ce n'est rien, cela me soulage... Je n'ai pas pleuré depuis deux ans. Hier soir, tard, je suis venue voir dans

le jardin si notre théâtre existait toujours. Il est encore
là. Je me suis mise à pleurer pour la première fois
depuis deux ans, et je me suis sentie plus légère, j'ai vu
plus clair en moi. Vous voyez, je ne pleure plus. *(Elle lui
prend la main.)* Alors, vous êtes devenu écrivain... Vous
écrivain, moi actrice... Emportés, nous aussi, dans le
tourbillon... Je vivais heureuse, comme vivent les
enfants : le matin on s'éveille et on chante ; je vous
aimais, je faisais des rêves de gloire, et maintenant ?
Demain, à l'aube, partir pour Elets, en troisième classe...
avec des paysans, et à Elets des commerçants cultivés
vont me poursuivre de leurs amabilités. La vie est trop
grossière !

TREPLEV. Pourquoi Elets ?

NINA. J'ai un engagement pour tout l'hiver. Il faut que j'y
aille.

TREPLEV. Nina, je vous maudissais, je vous haïssais, mais
à chaque minute, j'avais conscience que mon âme vous
est attachée pour l'éternité. Ne plus vous aimer est au-
dessus de mes forces, Nina. Depuis que je vous ai perdue et que j'ai commencé à publier, la vie m'est insupportable, je souffre... Ma jeunesse, d'un coup c'est
comme si on me l'avait arrachée, et j'ai la sensation
d'avoir passé quatre-vingt-dix ans sur la terre. Je vous
appelle, je baise le sol sur lequel vous marchiez ; où que
se portent mes yeux partout m'apparaît votre visage, ce
sourire tendre qui brillait pour moi dans les meilleures
années de ma vie...

NINA, *éperdue.* Pourquoi parle-t-il comme cela ? Pourquoi
parle-t-il comme cela ?

TREPLEV. Je suis solitaire, je n'ai pour me réchauffer
aucune affection, j'ai froid comme dans un souterrain,
et, quoi que j'écrive, tout est sec, dur, sombre. Restez

ici, Nina, je vous en supplie, ou permettez-moi de partir
avec vous. *(Nina met en hâte son chapeau et sa pèlerine.)* Nina, pourquoi ? Pour l'amour de Dieu, Nina...

   Il la regarde s'habiller.

NINA. Mes chevaux sont à la barrière. Ne me raccompagnez pas, j'irai seule... *(A travers les larmes.)* Donnez-
moi de l'eau...

TREPLEV *lui donne à boire.* Où allez-vous, maintenant ?

NINA. En ville. *(Un temps.)* Irina Nikolaievna est ici ?

TREPLEV. Oui... Jeudi mon oncle n'a pas été bien, nous lui
avons télégraphié de venir.

NINA. Pourquoi dites-vous que vous baisiez le sol sur
lequel je marchais ? Moi, il faut me tuer. *(Elle se penche
sur la table.)* Je suis si fatiguée ! Si je pouvais me reposer... me reposer ! *(Elle lève la tête.)* Je suis une mouette... Non, ce n'est pas ce que je veux dire. Je suis actrice.
Mais oui ! *(Ayant entendu le rire d'Arkadina et de Trigorine, elle prête l'oreille, puis court vers la porte de gauche et regarde par le trou de la serrure.)* Lui aussi, il est
là... *(Revenant vers Treplev.)* Mais oui... Ça ne fait rien...
Oui... Il ne croyait pas au théâtre, il riait toujours de
mes rêves, et petit à petit moi aussi j'ai cessé d'y croire
et j'ai perdu courage... Et puis les soucis d'amour, la
jalousie, la peur perpétuelle pour le petit... Je suis devenue médiocre, nulle, je jouais en dépit du bon sens... Je
ne savais pas quoi faire de mes bras, je ne savais pas
être debout sur la scène, je ne contrôlais pas ma voix.
Vous ne comprenez pas cette situation : sentir qu'on
joue affreusement mal. Je suis une mouette. Non, ce
n'est pas ce que je veux dire... Vous vous souvenez,
vous aviez tué une mouette ? Par hasard un homme est
passé, l'a vue et, par désœuvrement, il l'a fait périr...
Sujet pour un petit récit. Ce n'est pas ce que je veux

dire... *(Elle passe la main sur son front.)* De quoi je
parlais ?... Je parle du théâtre. Maintenant je ne suis plus
comme ça... Je suis devenue une véritable actrice, je
joue avec volupté, enthousiasme, je m'enivre de la scène
et je me sens belle. En ce moment, pendant ce séjour ici,
je fais de longues promenades à pied, je marche sans fin
et je pense et je sens chaque jour s'accroître mes forces
spirituelles... A présent je sais, je comprends, Kostia,
que pour nous autres — et peu importe que l'on joue sur
une scène ou qu'on écrive —, ce qui compte n'est pas la
gloire, pas l'éclat, pas ce à quoi je rêvais, mais savoir
patienter. Sache porter ta croix et aie la foi. J'ai la foi et
j'ai moins mal, et quand je pense à ma vocation, je n'ai
pas peur de la vie.

TREPLEV, *tristement.* Vous avez trouvé votre voie, vous
savez où vous allez, et moi je me débats encore dans un
chaos de rêves et d'images, ne sachant à quoi ni à qui
cela peut servir. Je n'ai pas la foi, et je ne sais pas en
quoi consiste ma vocation.

NINA, *tendant l'oreille.* Chut... Je m'en vais. Adieu. Quand
je serai une grande actrice, venez me voir. Vous me le
promettez ? Maintenant... *(Elle lui serre la main.)* Il est
tard. Je tiens à peine sur mes jambes... Je suis épuisée,
j'ai faim...

TREPLEV. Restez, je vais vous donner à souper...

NINA. Non, non... Ne me raccompagnez pas, j'irai seule...
Mes chevaux sont tout près... Alors, elle l'a amené avec
elle ? Bon, peu importe. Quand vous verrez Trigorine,
ne lui dites rien... Je l'aime. Je l'aime même plus fort
qu'avant... Sujet pour un petit récit... Je l'aime, je
l'aime, passionnément, jusqu'au désespoir je l'aime.
C'était bien, avant, Kostia ! Vous vous rappelez ? Quelle
vie lumineuse, chaude, heureuse, pure, quels sentiments
— des sentiments semblables à des fleurs tendres, gra-

cieuses... Vous vous rappelez ? *(Elle récite.)* « Hommes, lions, aigles et perdrix, cerfs aux longs bois, oies, araignées, poissons silencieux habitant dans l'eau, étoiles de mer, et ceux que l'homme ne peut voir — en un mot toutes les vies, toutes les vies, toutes les vies, ayant accompli leur triste cycle, se sont éteintes. Depuis des milliers de siècles la terre ne porte plus aucun être vivant, et cette pauvre lune en vain allume son fanal. Dans la prairie les grues ne poussent plus le cri de leur éveil, et l'on n'entend plus les hannetons dans les tilleuls... »

Elle embrasse impétueusement Treplev et s'enfuit par la porte vitrée.

TREPLEV, *après un temps.* Il vaudrait mieux que personne ne la rencontre dans le jardin et n'aille le dire à maman. Ça pourrait faire de la peine à maman...

Pendant deux minutes, il déchire en silence ses manuscrits et les jette sous la table, puis il ouvre la porte de droite et sort.

DORN, *essayant d'ouvrir la porte de gauche.* C'est bizarre. On dirait que la porte a été fermée... *(Il entre et remet le fauteuil à sa place.)* Une course d'obstacles.

Entrent Arkadina, Paulina Andréievna ; derrière elles Iakov avec des bouteilles, et Macha ; puis Chamraiev et Trigorine.

ARKADINA. Le vin rouge et la bière pour Boris Alexéiévitch, mettez-les là, sur la table. Nous allons jouer et boire. Asseyez-vous, mesdames et messieurs.

PAULINA ANDREIEVNA, *à Iakov.* Apporte aussi du thé, tout de suite.

Elle allume les bougies et s'assied à la table de jeu.

CHAMRAIEV *conduit Trigorine à l'armoire.* Voici l'objet

dont je vous parlais tantôt... *(Il tire de l'armoire une mouette empaillée.)* La commande que vous aviez faite.

TRIGORINE, *regardant la mouette.* Je ne me souviens pas. *(Après un instant de réflexion.)* Je ne me souviens pas.

> *Un coup de feu en coulisse, à droite; tous sursautent.*

ARKADINA, *effrayée.* Qu'est-ce que c'est ?

DORN. Rien. Probablement quelque chose qui a sauté dans ma pharmacie portative. Ne vous inquiétez pas. *(Il sort par la porte de droite, et revient au bout d'une demi-minute.)* C'est bien ça. Un flacon d'éther qui a sauté ! *(Il chantonne.)* « Me voici de nouveau devant toi, ensorcelé... »

ARKADINA, *s'asseyant à la table.* Oh ! j'ai eu peur. Cela m'a rappelé le jour... *(Elle se couvre le visage de ses mains.)* Tout s'est obscurci dans mes yeux...

DORN, *feuilletant la revue, à Trigorine.* Il y a deux mois, ils ont publié là un article... une lettre d'Amérique, et je voulais vous demander, entre autres choses... *(Il prend Trigorine par la taille et l'amène à la rampe.)* Emmenez Irina Nikolaievna n'importe où. Le fait est que Constantin Gavrilovitch s'est tué...

Rideau.

1896.

Commentaires

Notes

par

Patrice Pavis

Commentaires

Originalité de l'œuvre et contexte

La Mouette *dans l'œuvre de Tchékhov*

Étrange destin que celui de cette *Mouette*, solitaire dans la carrière de Tchékhov et dans l'essor d'un théâtre nouveau, à la fin d'un siècle qui n'en finit pas de mourir d'alanguissement. Cette pièce est la première des quatre grandes œuvres théâtrales de Tchékhov : c'est avec *Oncle Vania* (1899), *Les Trois Sœurs* (1900), *La Cerisaie* (1904) l'une de ses œuvres les plus jouées. Elle marque le début de la maturité théâtrale de son auteur, le moment fragile où Tchékhov devient Tchékhov. En cette année 1896 où il écrit et fait jouer sa pièce, Tchékhov est célèbre comme auteur de nouvelles, et il a déjà écrit pour le théâtre : *Platonov* (1880) ou *Ivanov* (1887) qui contiennent en germe toute l'œuvre dramatique à venir, témoignent de son intérêt très précoce pour la scène. Avec cette *Mouette* de bon augure, le dramaturge donne à entendre un cri d'une force inouïe. Durant les huit années qui lui restent à vivre, il invente une façon originale d'écrire pour la scène, admirablement secondé, il est vrai, par le Théâtre d'Art que Stanislavski et Némirovitch-Dantchenko viennent de fonder (1897-1898).

Et pourtant cette pièce est loin d'avoir été nourrie sur le terreau d'un théâtre de recherche. Elle voit plutôt le jour dans un désert culturel, car on ne joue alors en Russie que des mélodrames, des vaudevilles et des farces, adaptés ou imités du théâtre français, dans un style emphatique et sans la moindre recherche de mise en scène. Ce que Treplev pense du théâtre contemporain qui « n'est que routine et préjugés » (p. 18) vaut tout aussi bien pour la scène russe de cette époque (celle du Petit Théâtre notamment). Telle est la situation très médiocre dont hérite Tchékhov, avant de confier ses pièces au Théâtre d'Art de Stanislavski, lequel eut l'art de faire à leur propos un contresens de génie. Lors de la création, en octobre 1896, *La Mouette* a été jouée comme une pièce de boulevard centrée sur l'intrigue du trio (la jeune fille, l'actrice célèbre, l'écrivain connu). On ne s'étonnera donc pas que la première au théâtre Alexandrinski ait connu un échec cuisant : ni les acteurs, ni le public n'étaient prêts pour cette dramaturgie nouvelle, d'où un refus complet. Si les représentations suivantes connurent un succès inespéré, ce n'est que lors de la reprise dans la mise en scène de Stanislavski au Théâtre d'Art de Moscou, que la pièce fut véritablement découverte. Et là, le même phénomène de surprise et d'enthousiasme se reproduisit, mais cette fois en l'espace d'une même soirée (*cf.* Biographie, 1896-1898).

Tchékhov se situe à ce moment privilégié de l'histoire du théâtre, où la mise en scène vient d'être inventée et où l'on comprend enfin quelle importance elle a pour la construction du sens du texte. En tant qu'auteur, Tchékhov est tout à fait conscient de l'importance de la mise en scène, même s'il craint, plus que tout autre, la « trahison » du metteur en scène (« La scène est l'échafaud où l'on exécute les auteurs »). Aussi bien ne considère-t-il une pièce propre à la publication, confie-t-il à Plescheev, le 27 novembre 1889, que lorsqu'elle a été révi-

sée pendant les répétitions. Il compose son texte en songeant aux moyens scéniques et aux futurs interprètes.
L'abondance des didascalies et des propositions concrè-
tes de mises en scène doit servir de suggestion contrai-
gnante pour le metteur en scène : « Je ne crois vraiment
pas qu'une pièce puisse être mise en scène, même pour
le metteur en scène le plus talentueux, sans les conseils
et les directives de l'auteur. Il existe différentes interpré-
tations, mais l'auteur a le droit d'exiger que sa pièce soit
jouée entièrement selon sa propre interprétation... Il faut
absolument que soit créée l'atmosphère particulière vou-
lue par l'auteur » (*Teatr i iskusstvo*, n° 28, 1904, p. 522).
L'auteur dramatique devient, selon cette conception, le
collaborateur ou le double du metteur en scène. Dès
lors, tout détail — la couleur d'une cravate ou l'état
d'une chaussure — a son importance, autant dans le
texte que sur la scène. Tout élément du texte, ou tout jeu
de scène possède une fonction, car, selon sa propre formule célèbre (et diversement interprétée), « on ne met
pas un fusil chargé sur la scène, si personne ne va s'en
servir ». Jamais non plus un personnage ne prononce la
moindre banalité sans une raison dramaturgique précise.
En dépit de cette saturation du sens textuel, Stanislavski éprouva le besoin, en bon adepte du naturalisme,
de truffer la représentation d'objets, de bruitages ou
de changements « atmosphériques » qui exaspéraient
Tchékhov et le persuadaient qu'aucun metteur en scène
n'avait su servir ses pièces comme il l'entendait. Malgré
la tendance obsessionnelle de Stanislavski à écrire une
partition scénique qui double le texte et crée des effets
uniquement naturalistes contrariant le choix très sparti-
te, chez Tchékhov, de quelques détails symboliques plus
que naturalistes, la mise en scène de Stanislavski *révéla*
à son auteur le texte qu'il venait d'écrire. En ralentissant
son débit, en épaississant le flot des métaphores scéni-

ques, Stanislavski donnait à voir une profondeur insoupçonnée du texte, alliant pour la première fois ce qui,
en France, à la même époque, continuait de s'opposer :
le symbolisme et le naturalisme, manifestant scéniquement — dans des détails et des séquences de signes —
« l'action intérieure complexe » (*Ma vie dans l'art*,
p. 282).

Les réserves à l'égard de l'interprétation stanislavskienne, malgré des acteurs prestigieux (Meyerhold dans
le rôle de Treplev, Olga Knipper dans celui d'Arkadina,
Lilina dans celui de Macha), expliquent l'envol laborieux de *La Mouette*. Sans parler de l'extrême difficulté
à trouver le ton juste pour les personnages, à motiver les
silences, à traiter les éléments mélodramatiques avec
une distance humoristique et une ironie bienveillante
qui ne provoquent toutefois pas un rire libératoire, à
situer la pièce dans un territoire inconnu, aux confins de
la comédie et de la tragédie, à « dépeindre continuellement la prose du quotidien » et « l'Humain avec un
grand H » (Stanislavski, *Ma vie dans l'art*, p. 281).

Thèmes et personnages

Analyse de l'action

La pièce comprend quatre actes, ou plutôt quatre
tableaux qui se situent dans des lieux différents de la
propriété de Sorine. L'acte n'est pas subdivisé en scènes
en fonction de changements marqués de situations et de
personnages. On y distingue pourtant quelques grands
mouvements, correspondant aux grandes orientations
thématiques de la conversation : sept dans le premier, le
troisième et le quatrième, six dans le deuxième. Le pre-

mier et le dernier acte sont nettement les plus longs, du fait d'une exposition détaillée en I et d'un redoublement des péripéties en IV. Tchékhov n'est donc qu'en partie fidèle à sa propre poétique de l'action dramatique : « Le premier acte peut durer jusqu'à une heure, mais les autres ne doivent pas durer plus d'une demi-heure. Le point culminant de la pièce doit se produire au troisième acte » (A Alexandre, le 9 mai 1889). Si le point culminant de l'intrigue (l'amour de Nina pour Trigorine, sa décision de faire du théâtre et de le suivre à Moscou) se situe bien en effet au troisième acte, le tragique culmine dans l'acte final, dans la scène à faire du retour de Nina et dans la suggestion du suicide de Treplev. L'action connaît deux temps forts : l'échec de la représentation (I), l'échec de Treplev et de Nina, le suicide (IV). La fable est encore bâtie selon le schéma classique (progression et montée de l'action centrée sur un conflit), mais chaque acte — et ceci est nouveau alors — tend à l'autonomie. *La Mouette* est une pièce séminale pour le reste de l'œuvre dramatique ; chaque acte y préfigure le thème principal des trois autres pièces : acte I : l'échec de l'idéal comme dans *Oncle Vania* et surtout dans *L'Esprit des bois* ; acte II : la propriété aussi mal gérée que *La Cerisaie* ; acte III : la souffrance, la veulerie, le départ comme dans *Oncle Vania* ; acte IV : l'ennui et les coups de feu des *Trois Sœurs* et de *Oncle Vania*.

Une étude microscopique des mouvements de chaque acte situe les caractères et leurs actions et révèle la manière dont la fable est construite et les dialogues mis en séquence.

Acte I

(1) Pages 13-14. Dans le parc de la propriété de Sorine, au coucher du soleil, Medvedenko et Macha ne tombent

d'accord sur rien : lui, parle de la difficulté de vivre avec vingt-trois roubles par mois, et ne pense qu'à la médiocrité de la vie quotidienne ; elle, porte le deuil, dans ses habits et dans son âme ; elle ne peut répondre à son amour. Cette incompréhension préfigure celle de Treplev et de Nina, dont Medvedenko pense pourtant que « leurs âmes se confondront dans le désir de donner ensemble une seule et même image d'art » (14).

(2) Pages 14-20. Treplev et Sorine, le neveu et l'oncle, évoquent leur situation personnelle, en attendant le début de la représentation. Chacun se sent comme déplacé : Sorine à la campagne, alors qu'il aspire à vivre en ville, Treplev dans sa relation difficile à sa mère, une « curiosité psychologique » qui s'entoure d'artistes et d'écrivains méprisant l'insignifiance du jeune homme. A ce conflit familial permanent s'ajoute le refus par Treplev du théâtre contemporain qui n'est « que routine et préjugés » (p. 18), préoccupé de naturalisme avec une vulgarité comparable à la tour Eiffel faisant fuir Maupassant (*cf.* note 1, p. 19).

(3) Pages 20-22. Arrive Nina, « attirée par le lac comme une mouette » (p. 21) ; elle a réussi à s'échapper de chez ses parents pour interpréter, devant la famille et les amis de Sorine, une pièce de Treplev. Celui-ci est éperdument amoureux de la jeune fille, surtout inquiète de son rôle et du public et en désaccord artistique avec le jeune auteur dont la pièce n'est, dit-elle, qu'une récitation sans amour, où « il n'y a pas de personnages vivants » (p. 22).

(4) Pages 22-23. Paulina, la mère de Macha, est préoccupée de la santé du docteur Dorn et lui reproche son indifférence à son égard, non sans jalousie pour les actrices et les autres femmes.

(5) Pages 24-27. Chamraiev, absorbé dans une de ses anecdotes théâtrales, conduit Arkadina à la représenta-

tion de Treplev. Le fils et la mère s'adressent la parole
en jouant le rôle d'Hamlet et de sa mère coupable
d'avoir « cherché l'amour dans le gouffre du crime »
(p. 25). Nina commence un long monologue où il
n'est question que de mort, de destruction, de marais
putride ; c'est une pièce « dans le genre décadent »
(p. 26), indique Arkadina dont les remarques ironiques
conduisent Treplev à suspendre violemment la représentation.

(6) Pages 27-33. Le public apprécie diversement l'in-
tervention d'Arkadina ; Sorine lui reproche son insensi-
bilité, alors qu'elle-même, ne voyant dans cette pièce
qu'une mauvaise plaisanterie, se plaint des prétentions
« décadentes » de son fils. Trigorine, Medvedenko, Dorn
ne se prononcent pas. Arkadina détourne la conversation pour évoquer le temps ancien où le lac retentissait
de musique et de chant et où Dorn était irrésistible.
Nina, félicitée par tous, ne défend guère la pièce de Treplev, présentée à l'écrivain en vogue Trigorine ; elle se
perd en rêveries sur la création, avant de retourner à la
maison de son père, laissant Sorine, Chamraïev et Medvedenko à leurs bavardages obsessionnels.

(7) Pages 33-36. Seul Dorn semble avoir apprécié la
pièce : il encourage son auteur à développer son talent
et à se demander pourquoi il écrit. Treplev n'a de cesse
que de retrouver Nina, tandis que Macha, restée seule
avec Dorn, et craignant de « bafouer [sa] propre vie »
(p. 35), avoue son amour pour Treplev.

Acte II

(1) Pages 37-38. C'est maintenant Arkadina qui est en
représentation, faisant admirer à Macha et à Dorn sa
jeunesse et son élégance comme si, après la récitation de
Nina, à l'acte précédent, elle voulait lui ravir la
vedette.

(2) Pages 39-43. Arrivent Sorine, Nina et Medvedenko. Nina et Macha évaluent la pièce de Treplev de manière opposée. Sorine se plaint de ne pouvoir se soigner correctement et de devoir rester à la campagne. Il a l'impression de ne pas avoir vécu et refuse de se résigner à la mort, comme Dorn l'y encourage.

(3) Pages 43-44. Le seul incident de l'acte est provoqué par Chamraiev qui ne peut fournir à Arkadina les chevaux qu'elle réclame pour aller en ville. Arkadina menace de partir à pied et Chamraiev donne sa démission. L'éclat se reproduit rituellement chaque année et se termine toujours par une réconciliation générale.

(4) Pages 45-46. Paulina supplie Dorn une nouvelle fois de la prendre avec lui et Dorn lui fait sa réponse habituelle : « J'ai cinquante-cinq ans » (p. 45). Les fleurs que Nina offre à Dorn provoquent sa jalousie et sa colère.

(5) Pages 46-47. Au cours d'une brève rencontre avec Nina, Treplev dépose à ses pieds une mouette qu'il a « eu la bassesse de tuer » (p. 46), annonçant par là son intention de se tuer de la même manière. Treplev se sent méprisé et rejeté de Nina, vidé intérieurement, comme le lac dont il a rêvé qu'asséché, il disparaissait sous terre.

(6) Pages 48-53. Dans une scène exceptionnellement longue, faisant contrepoint à la précédente, Nina et Trigorine confrontent leurs idées contradictoires sur le métier d'écrivain et la gloire littéraire. A la conception romantique et idéaliste de Nina s'oppose l'obsession de l'écrivain-tâcheron Trigorine. Celui-ci est comme condamné à transformer le monde extérieur en matière artistique, sans une minute de répit. Il évoque les années de jeunesse où il a commencé à écrire et à lutter pour être reconnu. Nina se tourne littéralement la tête en songeant à sa vie future où elle sacrifiera tout en

échange de « la gloire... la véritable gloire... la retentissante... » (p. 52). Cet acte s'achève lui aussi par l'évoca-
tion du lac, un lac que Trigorine transforme déjà en un
récit dans lequel un homme fait périr une mouette par
désœuvrement.

Acte III

(1) Pages 55-56. Comme au début de chacun des
actes, Macha est présente en scène ; elle fait part à Trigorine de son intention d'épouser Medvedenko, comme
pour étouffer l'amour qu'elle porte à Treplev. Person-
nage-témoin de l'usure du temps et du quotidien, de
l'autodestruction par l'alcool ou par l'ennui, Macha se
résigne tant bien que mal à son sort.

(2) Pages 57-58. Passant d'une admiratrice (désabu-
sée : Macha) à l'autre (extasiée : Nina), Trigorine reçoit
de cette dernière un médaillon, dont le sens n'apparaît
qu'au cours de l'acte et de l'histoire qu'il est en train
d'écrire.

(3) Pages 58-61. Arkadina force Sorine à rester à la
campagne, soi-disant pour surveiller Treplev, en réalité,
pour éviter toute dépense. Elle part « sans savoir pourquoi Constantin a voulu se suicider » (p. 60) et ne se
résout pas à donner un peu d'argent à son fils, comme
Sorine le lui demande.

(4) Pages 62-65. Treplev formule la même requête à sa
mère : qu'elle consente à prêter deux mille roubles à son
frère pour qu'il passe une année en ville ! Après son
suicide manqué, Treplev s'efforce de regagner l'amour
de sa mère à laquelle il demande de changer son bandeau et aussi de ne plus se soumettre à l'influence de
Trigorine. S'ensuit une scène calquée sur celle des reproches d'Hamlet à sa mère (*Hamlet*, III, 4) qui voit
l'affrontement violent de Treplev à sa mère, sur tous les

plans : artistique, familial, financier. Après un échange
d'une rare violence, le « couple » se réconcilie tant bien
que mal.

(5) Pages 65-68. Contrastant avec la souffrance de
Treplev et la cruauté d'Arkadina, le mouvement suivant
met aux prises Arkadina et Trigorine. Couple qui devrait être royal, mais n'est fait en réalité que de la
lâcheté de l'un et de la ruse suppliante de l'autre. Arkadina réussit à faire céder Trigorine qui, « indolent,
veule, toujours docile » (p. 67) renonce à « l'amour de la
petite fille de province » (p. 66).

(6) Pages 68-71. Chamraiev et Paulina disent un dernier adieu aux estivants, en regrettant le temps qui passe.

(7) Page 71. Trigorine, cherchant sa canne « oubliée »
dans la scène où Arkadina a réussi à le reconquérir
revient un instant dans la pièce, « tombant » sur l'objet
réel de son désir — Nina — à qui il donne immédiatement rendez-vous à Moscou. Le baiser d'adieu est
accompagné d'un discours emphatique et creux sur « la
pureté angélique » de Nina.

Acte IV

(1) Pages 73-74. Le « couple-témoin » Macha-Medve-
denko réintroduit, tout comme au début de la pièce, le
leitmotiv de l'incompréhension du couple, avec même
une certaine exacerbation du conflit : Macha semble
presque se venger sur son enfant de son infortune
conjugale.

(2) Pages 75-76. En préparant le lit du vieux Sorine,
Macha et sa mère évoquent avec amertume leurs desti-
nées identiques dans un amour impossible. Là où Paulina mêle résignation et espoir malgré tout, Macha parle
d'arracher violemment d'elle-même les racines de
l'amour (p. 76).

(3) Pages 76-82. Dorn, Sorine, Medvedenko reprennent leurs anciennes discussions sur le travail, le séjour à la campagne, la vie chère. Dorn tient un discours « philosophique », comme le nomment Sorine (p. 77) et Treplev (p. 82), sur la mort et la résignation, sur l'« âme unique universelle » (p. 79) dans la ville de Gênes. Ils en viennent à évoquer le destin tragique de Nina, l'abandon, la naissance et la mort d'un enfant, la carrière sans gloire.

(4) Pages 82-88. A l'arrivée de Chamraiev et Trigorine, les rivaux en littérature et en amour se réconcilient pour la forme. Chacun retrouve son thème de conversation habituel : Arkadina se vante de ses succès, Trigorine critique la littérature de Treplev qui a « quelque chose de délirant », sans « jamais un personnage vivant » (p. 86). Dorn se dit impressionné par Treplev, mais regrette qu'il « ne se fixe pas de tâches précises » (p. 87). Chamraiev rappelle à Trigorine sa commande d'une mouette tuée à empailler (p. 87).

(5) Pages 88-89. Resté seul, tandis que les invités dînent à côté, Treplev en vient à douter des « formes nouvelles » qu'il réclamait avec véhémence, et de sa capacité à éviter la routine et les procédés trop faciles d'un Trigorine. Il n'est pas éloigné de savoir pourquoi il écrit (comme le lui conseillait Dorn), mais reste à la recherche d'une thérapie à travers l'écriture.

(6) Pages 89-94. Après des retrouvailles pathétiques, Treplev et Nina font le bilan de leurs expériences et de leurs espoirs déçus. Malgré ses déconvenues et ses échecs, Nina n'a pas perdu espoir ; elle a compris que « ce qui compte n'est pas la gloire, pas l'éclat, [...] mais savoir patienter » (p. 93). Treplev se « débat encore dans un chaos de rêves et d'images "sans savoir" en quoi consiste [sa] vocation » (p. 93). Presque incidemment, Nina lui avoue toujours aimer Trigorine ; elle

boucle le cycle de la destruction universelle en récitant le monologue de la pièce de Treplev.

(7) La seule réaction verbale de Treplev est la crainte que Nina ne rencontre Arkadina dans le jardin (p. 94). Son dernier acte est de détruire ses manuscrits «pendant deux minutes», avant de sortir en silence. Revenus en scène, les invités reprennent leur jeu de loto, tandis que retentit un «coup de feu en coulisse» (p. 95).

Les personnages

Meyerhold, le célèbre metteur en scène contemporain de Stanislavski et qui tint le rôle de Treplev à la création de la pièce, remarque fort justement que l'on trouve toujours, chez Tchékhov, «un groupe de personnages dépourvu de centre». En l'absence d'un ou de plusieurs héros ou grands caractères, c'est bien, en effet, la constellation des personnages, leur complémentarité qui importe. Plus que la famille ou le clan — lieu tragique par excellence —, c'est la maisonnée, le lieu où l'on se côtoie sans trop se voir, qui rassemble ces individualités bavardes. Leur nombre relativement élevé (dix, treize avec les serviteurs) permet d'esquisser toutes les relations familiales, sociales ou amoureuses possibles. Tous sont là, attirés par le lac enchanteur, comme des mouettes, rassemblés par un instinct grégaire, liés les uns aux autres par l'habitude, prisonniers d'une communication perpétuellement entravée, où l'on ne cherche pas à persuader l'autre, où l'on se contente de se parler à soi-même en s'adressant à son voisin : «Personne ne fait rien, tout le monde tient des discours philosophiques» (p. 42).

Une des figures fondamentales et répétitives de cette constellation est celle du triangle des amours contrariées :

Nina - Treplev - Trigorine (et même Sorine : *cf.* p. 82)

Arkadina - Nina - Trigorine
Arkadina - Treplev - Trigorine
Macha - Treplev - Medvedenko
Paulina - Dorn - Chamraiev.

Le parallélisme de ces situations triangulaires dit assez
l'emprisonnement de chacun, son rôle simultané de
mouette et de chasseur. Le conflit des générations, des
styles littéraires, des conceptions de l'existence, tout oppose systématiquement les personnages. Comment
mieux figurer que par ces réseaux parallèles de l'amour
et de l'indifférence la crise du couple et de la famille, la
déchirure du tissu social, l'uniformité de la condition
humaine ?

A première impression, le personnage semble caracté-
risé de manière naturaliste, très précisément dessiné
dans son contour psychologique et son identité sociale.
En réalité, il n'accède à l'existence que par l'énonciation
et n'est défini que par quelques indices significatifs et
récurrents : une action continuelle (priser du tabac pour
Macha, pp. 14, 35, 74), un tic langagier (« à la fin des
fins » pour Sorine ; « des bêtises » pour Macha), un
thème obsessionnel (la vieillesse de Sorine, les notes prises par Trigorine). Un choix limité de discours répétitifs
dans leur thématique comme dans les formules em-
ployées, suffit à créer de forts effets de réel. Chaque
personnage est comme programmé pour ressasser la
même phrase ou donner cours à la même idée fixe. « Je
suis une mouette... Non, ce n'est pas ce que je veux
dire », répète sans cesse Nina dans son grand monologue
(p. 92). Chacun pourrait affirmer la même chose,
comme s'il poursuivait à la fois un désir de langage
et un désir de silence, un désir qui le singularise et
l'isole à jamais. Impossible d'opposer ces personnages en
fonction d'une thèse ou d'un conflit ; ils n'ont ni tort
ni raison, ne sont ni méchants ni bons. Chacun a sa

chance, Tchékhov se refuse à les juger ou à prendre
parti, encore moins à se servir de certains d'entre eux
comme porte-parole. C'est dans la résultante de leurs
discours, le dialogue de leurs obsessions, la divergence
de leurs réactions face à une même question qu'on fera,
quoique toujours difficilement, la part des choses.

Les personnages de *La Mouette* — Nina exceptée —
ne se transforment pas, ils ne tirent aucune leçon de
leurs expériences, ne communiquent plus que par le rap-
pel incessant de leurs souvenirs ou de leurs rêves, en
citant l'autre sans y paraître, en chantonnant (Dorn) ou
en sifflotant (Sorine, p. 60). Dans ce concert cacophoni-
que de voix isolées en proie au monologue et au solip-
sisme, l'important n'est pas tant ce que dit le personnage
que le moment où il le dit, l'instant où la parole lui est
donnée, puis retirée. Chacun effectue dans la pièce un
parcours, suit une trajectoire qui matérialise, chez
Tchékhov plus que chez tout autre auteur de théâtre, les
« trajets topographiques de l'inconscient sur la scène »
(Vitez, *L'Ane*, n° 5, p. 41). Observons le parcours de
chacun.

Treplev. Son nom suggère une feuille qui tremble au
vent et des nerfs à fleur de peau : c'est dire sa fragilité,
celle de l'artiste et celle du fils qui souffre de n'être pas
reconnu par sa mère. Impossible de distinguer, comme
en russe, entre les sentiments d'*envie* (p. 63) et ceux de
jalousie œdipale (p. 60) : le fils et l'artiste ne parvien-
nent pas à démêler les deux motivations. Il ne représente pas tant la tendance décadente et symboliste de la
littérature que l'attitude romantique et quasi morbide de
l'artiste face à la création et à la vie. La pièce enregistre
son parcours et son échec ; non qu'il manque de talent,
mais parce qu'il ne parvient pas à savoir pourquoi il
écrit (p. 34), parce qu'il ne trouve pas sa voie et reste

prisonnier, dans sa vie comme dans son art, d'un
« chaos de rêves et d'images » (p. 93). Et aussi parce
qu'il s'aperçoit qu'il « glisse dans la routine », tout
comme Trigorine dont il n'est peut-être que la figure
inversée, seulement plus jeune et encore en révolte. Son
histoire, c'est celle de la difficulté existentielle de créer
des rapports mystérieux du caractère et de l'art. Treplev
échoue sur tous les plans. Il se sent abandonné de sa
mère comme un enfant, trahi par Nina au profit de son
rival en amour et en littérature, poussé au suicide lorsqu'il s'aperçoit que Nina est revenue non pour le proté-
ger ou le sauver, mais lui avouer la vérité. Sa vie comme
sa création est une suite de fuites : rêve morbide (p. 22),
retour désespéré à la mère (p. 62), écriture apocalypti-
que où l'âme est un paysage dévasté, conscience d'être,
comme son oncle, « l'homme qui a voulu ». Retour
impossible à une communauté en lambeaux, car aucune
famille « normale » n'est présentée en référence : le père
y est absent ou représente un passé déjà dépassé. Le père
de Treplev est mort, celui de Nina est une « assez jolie
ordure » (p. 32), celui de Macha (Chamraiev) débile et
tyrannique, celui de l'enfant de Nina, Trigorine, lâche et
veule. Dorn, le substitut paternel de Macha (p. 36), ou
de Nina (p. 46), se déclare incapable de rien faire pour
les aider.

D'**Arkadina** — et malgré l'assonance avec la douce
Arcadie — il n'est pas fait un portrait très flatteur. Elle
est, assure Treplev d'entrée, une « curiosité psychologique, [...] un talent indiscutable, intelligente, capable de
sangloter en lisant un livre, elle vous récitera tout Nékrassov par cœur, elle s'occupe des malades comme un
ange ; mais essayez de faire devant elle l'éloge de la
Duse ! Oh ! Oh ! C'est son éloge à elle qu'il faut faire,
c'est d'elle qu'il faut écrire, s'exclamer, s'extasier... »

(p. 18). Malgré sa lucidité, Treplev fait de sa mère un portrait idéalisé, surtout au plus fort de sa souffrance (p. 62), après sa tentative de suicide, lorsqu'il évoque son enfance. Arkadina se comporte en réalité de manière toujours égocentrique, voire histrionique ou hystérique ; elle passe son temps à exagérer ses succès d'actrice et surtout ne tolère pas la concurrence, même chez son fils, accusé d'être un « gamin capricieux, prétentieux » (p. 28), l'obligeant « à écouter [un] délire décadent » (p. 28), ou chez Nina qu'elle encourage à contrecœur à faire du théâtre, puisqu'elle a « sûrement [peut-être] du talent » (p. 30). Obsédée par son apparence et son âge (début de l'acte II), elle a besoin d'être sans cesse complimentée, et cette tâche est une des attributions implicites de l'intendant Chamraiev (pp. 43, 83). Son aspect humain, son point sensible, c'est l'amour qu'elle porte à Trigorine, écrivain célèbre plus jeune qu'elle. Pour préserver cette relation, pourtant fondée sur l'habitude et sur la coquetterie qu'il y a à être liée à un écrivain en vogue, Arkadina est prête à tout : les compliments plus ou moins sincères (p. 67), le chantage, le dénigrement de la rivale, la « petite fille de province », les supplications. En tant qu'artiste, Arkadina est tout aussi médiocre : Tchékhov nous laisse comprendre (du moins à travers le témoignage de Treplev) qu'elle joue dans des vaudevilles ou des comédies d'un théâtre contemporain qui « n'est que routine et préjugés » (p. 18), de « pièces misérables, dérisoires » (p. 64). Malgré sa richesse — « à la banque, à Odessa, elle a soixante-dix mille roubles » (p. 18) —, elle n'a pas d'argent pour permettre à Sorine de vivre en ville (p. 62), ni même pour acheter un costume à son fils (p. 60) ou pour donner plus d'un rouble à tous les domestiques (p. 70). Mais c'est surtout à l'égard de ce fils que son comportement est le plus étrange, refusant à ce fils de vingt-cinq ans, qui « lui rappelle constamment

qu'elle n'est plus jeune » (p. 18), une attention mater-
nelle et une aide dans son développement humain et
artistique. Elle est capable de partir sans savoir pourquoi son fils a tenté de se suicider et considère Treplev
comme un obstacle à son bonheur avec Trigorine.
Artiste superficielle, autosatisfaite et mythomane, Arkadina échoue en tant qu'artiste et en tant que mère, parce
qu'elle ne parvient pas à dissocier les deux rôles et
qu'elle ne se sent en confiance dans aucune des deux
identités.

Chamraiev — lieutenant à la retraite, intendant chez
Sorine, selon la liste des personnages — est celui qui
raconte le plus d'anecdotes débiles sur le théâtre. C'est
l'homme du réel, qui seul connaît les réalités matérielles
quotidiennes du domaine et sait « ce que c'est qu'une
exploitation agricole » (p. 43), d'où le mépris dans
lequel le tiennent les « artistes en résidence » : Nina
(« Est-ce que chacun de ses désirs [d'Arkadina] n'est pas
plus important que votre exploitation agricole ? »,
p. 44), Sorine (« Toute ma retraite est accaparée par
mon intendant qui la dépense pour l'agriculture, l'élevage, et mon argent disparaît en pure perte », p. 61), ou
Macha (« Avoir affaire à vous... », p. 84). Mais Chamraiev, c'est peut-être aussi et déjà le Lopakhine de *La
Cerisaie*, l'ancien moujik devenu le propriétaire du
domaine, celui qui gère, d'ailleurs assez mal, les biens
dilapidés par les artistes insouciants, celui qui survit à
tous les changements politiques, en sachant flatter les
beaux esprits, l'homme nouveau prenant la place de
« l'homme en trop ».

Medvedenko, l'instituteur (dont le nom est dérivé du
mot « ours », comme pour dire l'étrangeté de son apparition dans ce milieu d'artistes) est le plus prosaïque, le

moins séduisant, mais aussi le plus humain des personnages. Son amour malheureux pour Macha, sa situation
familiale et économique très précaire ne l'empêchent pas
de faire face à une vie sans gloire. Méprisé par sa belle-
famille, il est pourtant le seul à prendre soin du « petit »
(p. 74), à pousser le chariot du vieux Sorine (p. 76), à
représenter la vie au quotidien, banni de l'univers de
l'illusion et du mensonge (p. 28). Il est de ceux qui restent dans l'ombre et travaillent pour les autres. Sémion
Sémionovitch (décidément son nom est polysémique,
puisqu'il redouble le mot grec pour « signe », *sêmeion*)
est celui qui lit les signes (les habits noirs de Macha), ou
interroge les prophéties, oracle sans le savoir (p .61) ou
devin mal inspiré (p. 14), homme pur extérieur à l'univers de la tragédie et de la névrose.

Macha, toujours vêtue en noir, porte « le deuil de sa
vie » (p. 13), comme pour protester contre son existence
provinciale et son amour contrarié pour Treplev. Elle
subit la dégradation la plus nette, marquée par des
tendances destructrices : tuer son amour (pp. 55, 76),
abandonner son enfant, boire et priser (pp. 14, 35, 74),
vivre sous la loi abrutissante des intendants du
domaine.

Dorn, le nom allemand de Dorn (l'épine) suggère la
perspicacité et l'intelligence acérée du médecin philosophe. Dorn se tient en retrait de l'action, comme un eth-
nologue chargé d'étudier cette étrange tribu du domaine
de Sorine. Sa vie de médecin est ailleurs (chez Sorine il
se contente de prescrire à tous des gouttes de valériane)
et il est le seul personnage à être satisfait de l'existence,
car il a le sentiment d'avoir pleinement vécu sa vie,
n'accordant pas aux rêves et aux désirs idéalistes une
place importante. Cet homme qui, au dire d'Arkadina, a

autrefois été « le jeune premier, l'idole de ces six propriétés » (p. 30), a su plaire aux femmes qui « se sont
toujours amourachées de [lui] et se sont toujours jetées à
[son] cou » (p. 23), mais il se refuse à s'engager, à être
un amant pour Arkadina (p. 23) ou Paulina (p. 45), se
contentant de répondre qu'il a « cinquante-cinq ans,
c'est trop tard pour changer de vie » (p. 45). Il n'accepte
pas davantage d'être un père adoptif pour Nina ou
Macha (p. 36) (dont il était, dans une première version
de la pièce, le véritable père). Avec Treplev, son attitude
est plus engagée et chaleureuse, puisqu'il est le seul à
encourager le jeune auteur (p. 34), en lui prodiguant un
conseil de vrai scientifique : « L'œuvre doit contenir
une pensée claire, précise » (p. 34) et en lui conservant
son estime pour l'écrivain, tout en émettant de graves
réserves sur l'homme : « Moi, je crois en Constantin
Gavrilovitch. Il a quelque chose ! Il a quelque chose ! Il
pense aux images, ses récits sont colorés, brillants, je les
sens très fortement. Dommage seulement qu'il ne se fixe
pas de tâches précises. Il fait impression, rien de plus, or
l'impression ça ne suffit pas » (p. 87). Un tel mélange de
froideur clinique et de chaleur humaine fait évidemment
penser à Tchékhov lui-même tel qu'on l'imagine à travers ses lettres et les témoignages de ses contemporains.
On aurait pourtant tort de voir en Dorn un porte-parole
ou un double de l'auteur. Il se borne à constater la difficulté de vivre des personnages, sans proposer de solu-
tions, avec pourtant l'espoir que la littérature et l'idéal
aideront l'homme à s'envoler « de la terre le plus loin
possible, vers la hauteur » (p. 34).

Nina est le personnage qui change le plus du début à la
fin de la pièce, celui qui apprend à vivre, à se défaire de
ses rêves (pp. 53, 93). Son évolution pourrait sembler
parallèle à celle de Treplev — amour déçu, échec pro-

fessionnel, vie brisée —, mais en réalité son apprentis-
sage prend une tout autre dimension : Zaretchnaia,
« celle qui vient de l'autre côté de la rivière », ne renonce pas, elle sait finalement « en quoi consiste [sa]
vocation » (p. 93) : « Je sens chaque jour s'accroître
mes forces spirituelles... A présent je sais, je comprends,
Kostia, que pour nous autres — et peu importe que l'on
joue sur une scène ou qu'on écrive —, ce qui compte
n'est pas la gloire, pas l'éclat, pas ce à quoi je rêvais,
mais savoir patienter » (p. 93). Mais pour en arriver à
cette sérénité du jugement, le chemin a été long. A sa
première apparition, aux côtés de Treplev, puis de Trigorine, elle se montre « émue » et « inquiète », « attirée
par ce lac comme une mouette » — elle « serre fort la
main de Sorine » (p. 20). Elle s'exprime avec une exaltation adolescente et un romantisme déjà douteux : « Le
ciel est rouge, la lune se lève, j'ai poussé le cheval... »
(p. 20). Elle ressemble à la poésie indomptée qu'elle fait
sans le savoir, alors qu'elle ne parvient pas à s'identifier
au monologue écrit par Treplev qu'elle trouve difficile à
jouer faute de « personnages vivants » (p. 22). Son langage est naturellement métaphorique et lyrique : « Je
suis attirée par ce lac comme une mouette... Mon cœur
est plein de vous » (p. 21). Elle est alors elle-même,
même si Tchékhov prend un malin plaisir à collection-
ner ses phrases de débutante exaltée. Dès qu'elle rencontre Trigorine, l'écrivain à succès, son discours devient
livresque et englué des stéréotypes de la création artistique : « pour celui qui a éprouvé la jouissance de la
création, les autres jouissances n'existent pas, je crois »
(p. 31). « Si j'étais écrivain comme vous, je donnerais à
la foule ma vie entière, mais j'aurais conscience que son
bonheur à elle est de s'élever jusqu'à moi, et elle me
traînerait sur un char » (p. 52). Ce mimétisme langagier
qui l'attire vers Trigorine, l'éloigne de Treplev, auquel

elle reproche de s'exprimer « de façon incompréhensible, par symboles » (p. 47). En même temps, il est logique qu'elle ne comprenne pas le symbolisme de la mouette, puisqu'il incarne l'inconscient et l'impensé de la jeune fille : celui d'une victime expiatoire qui va à la catastrophe malgré les signes les plus évidents du « destin Trigorine », pourtant muni de bien gros sabots ! Lorsqu'elle dit ne pas comprendre l'allusion de Treplev (p. 47), elle est sincère, car elle s'imagine elle-même dans le rôle de la mouette, comme en témoigne son délire lors de la dernière rencontre avec Treplev : « Je suis une mouette. Non, ce n'est pas ce que je veux dire... » (p. 92). Sa froideur progressive envers Treplev était inscrite d'entrée dans la logique de ses goûts, de sa volonté de s'ouvrir à la vie, fût-ce au risque de se brûler les ailes à sa flamme trop vive. Elle trouvait sa pièce sans vie (p. 22), « étrange » (p. 31), « peu intéressante » (p. 39) ; on ne s'étonnera donc pas qu'elle ne reconnaisse plus son ami (p. 47). Dès lors, elle passe littéralement et devant nos yeux d'un homme à l'autre (p. 48) et poursuit avec Trigorine son rêve d'approcher la réalité artistique. Seule l'épreuve de la vie, la liaison malheureuse avec un homme fuyant, modifiera sa façon de voir la vie d'artiste, et son langage où l'exaltation ne se traduit plus dans un discours enflammé ou livresque, mais dans un « désarroi des sentiments » (pp. 92-93). Son itinéraire l'a conduite à un échec artistique, mais aussi à un dépassement d'un romantisme facile, à une lucidité et une détermination dans sa vie, qui font totalement défaut à Treplev. Elle seule a su s'arracher à l'emprise de sa famille et de ce lac enchanté qui séduit ou qui endort ; elle seule réalise son désir et admet que son idéal n'était qu'une chimère ; elle seule sait prendre des décisions (p. 71) et donner aux autres au lieu d'attendre quelque chose d'eux : les fleurs à Dorn

(p. 46), le médaillon à Trigorine (p. 57), la lucidité à Treplev qui pourtant, refusant la vérité, fuira dans le suicide. Une lucidité qui n'est pas sans zones d'ombres, car, curieusement, Nina avoue toujours aimer Trigorine, « plus fort qu'avant », « jusqu'au désespoir » (p. 93). Ses motivations restent donc toujours troubles, de même que son retour vers les deux hommes, pour annoncer à l'un qu'elle aime toujours l'autre.

Sorine. L'idée fixe de Sorine, le propriétaire du domaine, c'est de vivre à la ville (pp. 16, 43, 62, 78) : ce sont ses premières et dernières paroles. Aussi n'a-t-il pas un amour démesuré pour les travaux des champs et néglige-t-il la propriété qui tombe en ruine, selon ses propres paroles (p. 61). Il n'en est que plus soumis à la gestion déplorable de Chamraïev, et malgré ses colères rituelles, il doit, ainsi que sa sœur, aller « lui faire des excuses » (p. 78). Arrivé au terme de sa vie, il ne peut se définir que comme « l'homme qui a voulu » : (p. 78) et de reprendre tous ses désirs non réalisés, qu'il annonçait dès sa première conversation avec Treplev : se marier et devenir littérateur (p. 78). « L'homme qui a voulu », « bon à mettre au rebut, comme un vieux fume-cigare » (p. 58), est le symbole permanent de l'échec, de la décrépitude, de la mort : sa dégradation physique — parallèlement à la destruction psychologique de Treplev — est le fil conducteur de la pièce. Mais pourtant, il veut vivre (p. 40), il lui faut des médicaments (p. 77), et lorsque tous sont revenus pour partager avec lui ses derniers moments, c'est finalement Treplev qui le précède dans la mort. Il est vrai que l'oncle et le neveu sont liés par une complicité et une affection profondes. Sorine encourage son neveu, le défend face aux moqueries d'Arkadina, ne peut vivre sans lui (p. 73). Chacun veille sur l'autre, le comprend et tente de convaincre la riche actrice de prêter quelque argent à son partenaire, à celui qu'il croit plus malheureux que lui-même. Avec Sorine, usé par une vieillesse non apaisée, double vieilli et résigné de Treplev, Tchékhov filme, pour ainsi dire avec J.-L. Godard, « la mort au travail ».

Trigorine « porte un pantalon à carreaux et des souliers troués », se contentait de préciser Tchékhov à Stanislavski qui tenait le rôle (*Ma vie dans l'art*, p. 289). C'est dire, peut-être, que l'écrivain n'a rien d'un dandy élégant, mais qu'il est un homme ordinaire, plus intéressé par la pêche à la ligne que par le culte de la beauté. Trigorine — dont le nom peut signifier « Monsieur Trois-Montagnes » : peut-être Arkadina, Nina et Macha ? — a autant de visages que d'admirateurs ou de dénégateurs. Il n'est en rien semblable à l'image glorieuse que s'en fait Nina ou à la célébrité mondaine qui attire Arkadina. Il n'est tout simplement qu'un écrivain-tâcheron de second ordre, un forçat de l'écriture qui pille les autres et lui-même « au détour de chaque phrase » (p. 50), un homme pris dans l'engrenage des mondanités et des habitudes, qui n'est plus en mesure de quitter Arkadina pour un amour nouveau, lui qui, comme Sorine, n'a jamais vécu. Aussi les tirades où il se plaint de son obsession de l'écriture (pp. 49-51) et où il se plaît à imaginer une vie nouvelle (p. 66) auprès de Nina, ont-elles malgré tout quelque chose de pathétique. Trigorine se décrit lui-même comme n'ayant « jamais eu de volonté à lui... indolent, veule, toujours docile » (p. 67), et son succès littéraire n'est acquis qu'au prix de compromissions, de procédés faciles. A force d'exploiter la réalité et la vie pour l'utiliser dans ses récits, il devient, sans même s'en rendre compte, cet homme qui tue la mouette par désœuvrement (p. 53), l'artiste arriviste et irresponsable, insensible à la vie des autres,

l'exacte image en miroir du jeune Treplev et l'équivalent
de l'actrice superficielle Arkadina.

Le travail de l'écrivain

Malgré sa correspondance, on sait peu de chose sur la
méthode de travail de Tchékhov ou sur les sources qu'il
aurait utilisées. Doit-on se contenter des inévitables
anecdotes sur son activité acharnée comme médecin,
comme auteur de récits payés à la page, comme personnalité publique bienfaitrice (*cf.* Biographie, 1893-1898) ?
Ne vaudrait-il pas mieux interroger le texte, et son orga-
nisation scripturale ?

Le dialogue

N'étant pas lié essentiellement au conflit, le dialogue
tend à s'émanciper de l'action et du personnage. Il se
situe, pour reprendre la belle analyse de Szondi (1956)
sous le signe de la difficulté, du renoncement, voire
de l'incommunicabilité. Fréquemment, les personnages
renoncent à convaincre, et même à s'adresser à autrui :
Macha face à Medvedenko (p. 14) ; Treplev à son public
(p. 27), Trigorine à Arkadina (p. 66), Macha à sa mère
(p. 76). Ainsi libérée, la parole échappe sans cesse aux
locuteurs ; elle n'est plus incarnée par un personnage
donné, elle est tout au plus relayée et portée par lui,
prononcée avec la conviction d'un automate parlant.
Elle est conduite par un sous-texte psychologique, implicite et d'autant plus lourd de sens. Le seul dialogue
s'établit entre les silences, le dit et le non-dit, la parole et
la scène. Bien souvent, le dialogue verbal est interrompu
au moment où les personnages vont peut-être enfin par-

ler. L'étrangeté et la force provocante du texte tchékhovien proviennent d'une sorte de sadisme qui consiste à
ne jamais expliquer, à ne jamais donner la clef des citations ou du personnage, à remplacer toute référence au
monde par une série infinie de reprises et d'allusions.

L'écho et la connexion absente

La répétition d'une même idée ou d'une expression
identique n'est pas simplement le signe de l'ennui des
protagonistes ou la marque d'une morbide « compulsion
de répétition » : elle structure le texte en le réduisant à
une série limitée de thèmes, repris ou variés sans trêve.
Tout motif est l'anticipation d'un motif ultérieur ou la
reprise d'un déjà-dit. Certains mots, répétés six ou sept
fois, caractérisent un personnage ; d'autres cristallisent
une obsession ou une névrose générale : le mot connaître *(znat')* et ses dérivés (*uznat'*, etc.) (*cf.* pp. 18, 47, 52,
64, 82). L'insistance sur le terme et l'action révèlent
une problématique cruciale : le désir généralisé d'être
reconnu par les autres en tant que personne aimante et,
pour Treplev, Arkadina, Trigorine et Nina, en tant
qu'artiste.

L'écho est un des procédés favoris du dramaturge. Il
suggère au spectateur, placé dans la position d'un audi-
teur omniscient, qu'une action, une situation, une
expression ont déjà été mis en évidence et que la reprise
n'est pas gratuite. Il y a ainsi un effet d'écho entre des
personnages différents, qui n'étaient pas en scène au
même moment et arrivent aux mêmes conclusions :

Treplev (à propos de Trigorine) : « Aimable, plein de
talent... mais... après Tolstoï ou Zola on n'a pas envie de
lire Trigorine » (p. 20).

Trigorine (à propos de lui-même) : « C'est gentil,
mais c'est très loin de Tolstoï » (p. 51).

C'est souvent le même mot de dépit (« Des bêtises »)
qui émaille le discours de Macha (pp. 14, 36, 76), de
Sorine (p. 40) ou de Dorn (p. 42). L'écho est aussi la
citation plus ou moins masquée de la parole de l'autre :
« Allez vous débrouiller avec ça ! » (p. 14) déclare Medvedenko à Macha à propos de son faible traitement, et
Dorn le prend de vitesse, alors qu'il se plaint de nouveau du prix de la farine : « Allez vous débrouiller avec
ça ! » (p. 14). Les métaphores forment un réseau de termes répétitifs, qu'il s'agisse du *lac*, ou des *racines* de
l'amour qu'il faut arracher de son cœur (pp. 50, 55, 76).
Les actions scéniques sont elles aussi perçues selon le
principe de l'écho : Treplev effeuille la marguerite
(p. 18), Paulina piétine les fleurs offertes par Nina
(p. 46). Ces échos peuvent paraître involontaires, ils
n'en sont pas moins révélateurs d'actions symboliques
inconscientes et ils se cristallisent autour d'objets apparemment anodins : Trigorine, après avoir été sermonné
et ramené par Arkadina en son pouvoir, malgré l'atti-
rance qu'il éprouve pour Nina, s'aperçoit soudain qu'il a
oublié sa canne (p. 71). Revenu en scène, il retrouve
comme par hasard Nina et l'objet interdit de son désir.
Medvedenko, encore jeune soupirant, n'a pas envie de la
tabatière que lui offre Macha (p. 14).

L'écho indique également la direction des dialogues,
la conclusion implicite vers laquelle ils tendent. Il révèle
le lien distendu entre des paroles apparemment sans
rapport. Ainsi cet échange involontaire entre Nina et
Paulina, p. 22 :

NINA (à Treplev) : Dans une pièce, il doit y avoir forcément
de l'amour.
PAULINA (à Dorn) : Il commence à faire humide. Retournez mettre vos caoutchoucs.

L'amour, nous dit l'enchaînement implicite entre les

deux répliques, c'est aussi de penser à la santé de l'autre. Bien entendu, c'est toujours au spectateur de faire de tels rapprochements, au risque d'extrapoler ou de s'égarer. En « accrochant » les fragments disséminés dans le texte, en percevant de lointains échos, il donne son sens au texte et le fait parler. « Dans cette critique du logocentrisme, tout parle ; les mots cessent d'assumer l'importance principale ; les blancs, les objets, les corps gagnent sur les paroles, les signes non verbaux prolifèrent » (D. Bougnoux dans *Silex*, n° 16, p. 16). Comment savoir, dès lors, si le discours a trop de sens ou pas assez ! Tout est dans l'alliance et la hiérarchie entre les bribes d'un discours en miettes.

Le même type de connexion régit les innombrables citations, authentiques ou masquées, d'autres œuvres littéraires (Shakespeare, Tourguéniev, Maupassant, Ibsen et son *Canard sauvage*). Cette maladie de la citation suggère au lecteur des parallèles avec des textes classiques, autorisant des raccourcis grâce à ces textes connus de tous, se démarquant aussi de leur problématique. *La Mouette* ne craint pas de s'attaquer à *Hamlet* et à *Œdipe*, établit une filiation qui se fixe sur le conflit œdipien de Treplev et sur la question de l'influence. Elle confirme l'idée que tout texte — Trigorine le sait bien (p. 49) et Treplev a tort de s'en inquiéter (p. 88) — est une réécriture de textes ou de notes antérieurs, une reprise en écho d'un nombre limité d'éléments, un écart ironique ou énigmatique par rapport au modèle répété ou parodié.

Ce vol systématique du discours d'autrui, chaque personnage l'accomplit journellement en parodiant, plus ou moins volontairement, un discours qui ne lui appartient pas : Chamraiev radote comme une gazette théâtrale ; Arkadina parle un russe infiltré d'expressions françaises ; Trigorine, le prosaïque paysagiste, tombé amoureux de la romantique Nina, se lance dans des déclarations emphatiques (p. 71) ; Nina se tourne elle-même la tête en évoquant la gloire des écrivains (p. 52), adopte parfois le langage d'artiste d'Arkadina. C'est Babel ironiquement entremêlée...

Car l'ironie est bien l'un des principes organisateurs du récit de cette *Mouette*. Elle consiste souvent ici à « dire sans dire », à opposer des personnages ou des idées sans décider qui a raison. A travers Treplev, le poète maudit immature, et Trigorine le pêcheur à la ligne obsessionnel, Tchékhov se moque des littérateurs de son temps, des prophètes de la vie nouvelle ou de l'apocalypse en littérature, mais également des vieux renards de la plume (*cf.* Biographie, 1897). L'ironie tragique de la fable (telle que la relève d'ailleurs le personnage, p. 64), c'est que Treplev voulait jouer au génie incompris pour séduire sa mère et son amie, alors que c'est finalement Trigorine qui séduit, fort médiocrement, les deux femmes.

L'ironie met en abîme l'histoire tortueuse de cette *Mouette* : l'écrivain Trigorine est occupé à rédiger un récit symbolique sur une mouette tuée par désœuvrement (p. 53). Quant à Treplev, il voit se réaliser dans sa vie privée le cycle de la désolation qu'il prophétisait dans sa pièce (p. 25), désolation que confirme Nina revenue pour réinterpréter le passage en question (p. 94). Et même le bon Sorine écrit réellement avec sa vie sans relief le récit qu'il projetait : « L'homme qui a voulu » (p. 78).

Chacun des protagonistes principaux (Treplev, Nina, Trigorine) est dans la situation d'Œdipe : il a beau connaître la prophétie (la mouette sera tuée), il l'accomplit inexorablement, malgré tous les avertissements et l'allusion à l'énigme du Sphinx (p. 61). Ironie tragique qui ne débouche sur aucune catharsis, puisque les héros, à la différence d'*Œdipe* ou d'*Hamlet*, souffrent ou meurent sans conscience de leur faute — ainsi Trigorine, p. 95 — ou sans perspective de recouvrer leur liberté dans le sacrifice de leur vie (Treplev).

Tous, d'ailleurs, n'ont pas l'honneur de réécrire *Œdipe* ou *Hamlet*. Le commun des mortels se contente de siffloter les airs à la mode ou de mélanger les proverbes latins (*cf.* note 3, p. 24). Au leitmotiv noble du « lac enchanté » (pp. 36, 53) répondent parodiquement les anecdotes de l'intendant, les éternelles prescriptions de gouttes de valériane (pp. 40, 46, 77), les « bêtises » de Macha et les « tics linguistiques » de chaque personnage. La subtilité des citations, des allusions ironiques, des réécritures n'a d'égale que la fragilité de ce texte, si dépendant du pouvoir associatif du spectateur, de sa mémoire musicale, de son goût pour les associations provocantes. Les « mots d'alerte » de ce discours ironique sont très discrets et réservés aux personnages et aux situations les plus grotesques. Le plus souvent, l'ironie, dénégatrice et insaisissable, est relayée par un humour « à demi mot », qui se garde de forclore le texte. Malgré sa renommée naturaliste due aux mises en scène de Stanislavski — d'ailleurs violemment critiquées par Tchékhov lui-même —, ce théâtre ne cherche pas à imiter des locuteurs réels, il ne recrée pas une totalité. Il se fonde sur une connaissance très sûre des mécanismes de réécriture, selon une technique raffinée de composition globale dans l'espace-temps.

L'espace

Pareille composition des dialogues n'est possible que parce que l'espace joue un rôle à la fois réaliste (le parc, le lac, la maison, etc.) et symbolique (l'intérieur et l'extérieur, l'enfermement progressif, la disposition spatiale des dialogues). Les deux premiers actes se déroulent à l'extérieur, les deux derniers à l'intérieur de la maison de Sorine, le tout dernier dans le cabinet de travail de Treplev. Après ce processus de réduction et d'intériorisation de l'espace, tout finit par se situer dans l'espace étouffant de la maisonnée, de la famille, et dans l'esprit confus de Treplev. Devant cet enfermement progressif, Treplev n'a pas d'autre issue que de sortir pour se faire sauter la cervelle. Quant à sa tentative pour faire coïncider, au premier acte, l'espace de la nature (le lac, le parc) et celui de l'art (le décor théâtral), elle est d'entrée vouée à l'échec. Confondant, de manière tragiquement romantique, l'art et la vie, le théâtre et le lac, Treplev est incapable de distinguer l'imaginaire de la réalité, de transposer la nature et la société dans son art et de résoudre ses problèmes psychologiques à travers la création artistique. L'espace des autres personnages n'est guère plus propice à l'épanouissement individuel. L'espace de la famille est éclaté et dégradé : personne ne s'y sent à l'aise pour parler en tête-à-tête (pp. 21, 24, 89) et pourtant il continue à attirer les estivants et les artistes jusqu'à la sortie de Treplev et la tentative désespérée pour « emmener Irina Nikolaievna n'importe où » (p. 95). « Peut-être, écrit Georges Banu, que la métaphore ultime de cet espace qui s'épuise c'est Medvedenko poussant non pas le landau d'un enfant, mais le chariot d'un moribond » (p. 76). Seule Nina Zaretchnaia (« celle qui vient de l'autre rive ») est capable de quitter les lieux enchantés du lac. L'espace idyllique du lac appartient soit à l'enfance ou au rêve, soit à l'utopie, à l'idéal insatisfait et velléitaire. Dans ce vaste dispositif symbolique, il n'est qu'un miroir aux alouettes.

Le quotidien et les figures mythiques

Plus encore peut-être que dans cette virtuosité des effets d'écho, l'art consommé de Tchékhov se manifeste dans sa maîtrise des registres tragique et comique, dans sa technique de la « douche écossaise », dans sa faculté de faire coïncider le réel le plus prosaïque et la réflexion la plus abstraite. Des notations réalistes et quotidiennes coexistent avec de grandes figures symboliques et mythiques. « Sous l'apparent tissu de la banalité quotidienne, remarque Antoine Vitez, s'agitent de grandes figures mythiques, cachées » (*Silex*, p. 76). *La Mouette* rejoue en effet, dans le registre parodique du mélodrame ou du vaudeville et de la comédie (c'est ainsi que Tchékhov concevait sa pièce), de profondes paraboles symboliques (la mouette, le lac), d'antiques tragédies *(Hamlet)* ou de grands mythes *(Œdipe)*, toute une herméneutique de l'inconscient.

1. *La mouette*

A la différence de Treplev, Tchékhov n'a pas une vision panthéiste de l'univers, il ne croit pas à une « âme commune universelle » (p. 25). Une telle universalité ne saurait au mieux prendre corps que dans une foule, comme celle de Gênes, décrite par Dorn (p. 79), dans la communion unanimiste entre les hommes, au cœur de la ville et non pas dans l'isolement au fond d'un puits vide (p. 26). La métaphore de la mouette, cet oiseau libre et tué sans raison, n'est pas élevée à un symbolisme universel abstrait : elle désigne soit directement des personnages s'y identifiant (Treplev, Nina), soit l'objet du récit inachevé de Trigorine et, par ricochet, la pièce elle-même dans sa recherche généralisée d'une signification. On aurait donc tort de prendre cette mouette pour un canard sauvage à la sauce ibsénienne, car le symbole n'est ici jamais explicité, appliqué à un seul personnage et réduit à un sens parabolique. La mé‘aphore vient naturellement, à la suite d'une banale comparaison de Nina : « Je suis attirée par ce lac comme une mouette... » (p. 21) ; puis elle se précise par l'action irréfléchie de Treplev qui a « eu la bassesse de tuer cette mouette aujourd'hui » (p. 46). Chacun d'entre eux commence à s'identifier à l'oiseau, mort pour Treplev (p. 46), vivant et errant pour Nina (p. 90). L'oiseau est l'objet d'un transfert de sens entre la vie passionnée de Nina et l'obsession morbide de Treplev. Celui-ci y voit la préfiguration d'un destin inexorable, celle-là la métaphore de sa vie errante et douloureuse, le rôle de victime assumé face à Trigorine qui, symboliquement et « par désœuvrement [la] fait périr » (pp. 53, 92). Cette mouette ne se limite donc pas à une comparaison avec un personnage. En tant que symbole-titre de la pièce, elle est aussi la métaphore vive de la recherche incessante du sens (« Je suis une mouette... non, ce n'est pas ce que je veux dire » (p. 90) ; elle est le jeu énigmatique du texte sur lui-même, un jeu métatextuel qui intrigue et motive le lecteur. Elle est aussi le danger qui menace toute saisie figeante du sens, tout empaillage de la réalité vivante à travers l'écriture objectivée et « distante » de Trigorine. Celui-ci ne semble pas — ou ne veut pas : l'ambiguïté est maintenue — s'apercevoir que le récit qu'il projette (p. 53) se répercute sur la vie de Nina et de Treplev. La recherche de matériaux pour son récit l'amène à vider de leur substance vitale les créatures qu'il décrit, comme on décrit un paysage (p. 52), à les faire périr pour les conserver artificiellement. Empailler la mouette — travail que Trigorine a commandé à Chamraiev sans en avoir le souvenir ou le sentiment de culpabilité (pp. 87, 95), c'est mettre en récit et en

bière la vie des autres avec une parfaite bonne conscience. Immédiatement après l'exhibition de la mouette empaillée et la dénégation de Trigorine (p. 95), on entend,
en écho tragique, le coup de feu de Treplev. Dans cette
figure quelque peu rhétorique de l'œuvre d'art figeant la
vie, on reconnaît le sentiment de culpabilité et d'impuissance de tout artiste et le propre fantasme du médecin
Tchékhov, volant à la vie et à son activité profession-
nelle des instants nécessaires à sa « vraie » vie, celle de
la création artistique.

2. *Le lac*

Plus encore que la mouette, le lac et l'eau constituent
des métaphores omniprésentes. La référence à l'eau irri-
gue tout le réseau métaphorique, que ce soit dans les
allusions littéraires (*Sur l'eau*, p. 39, *Ondine*, p. 80) ou
dans les écrits de Treplev : l'eau putride (p. 25), le
« puits vide » (p. 26), le héros « éveillé par le bruit de la
pluie » (p. 88) ; ou encore dans ses souvenirs d'enfance
(les enfants de la blanchisseuse lavés par sa mère, p. 62)
et ses cauchemars (le lac asséché, p. 47). L'eau symbo-
lise la féminité et la fécondité, son absence la stérilité et
l'impuissance : Nina se plaint de ne plus pouvoir pleurer (p. 90), Treplev de ne plus pouvoir écrire à cause de
son « maudit orgueil qui [lui] suce le sang » (p. 47).
Réfléchie à la surface insondable du lac, l'eau devient un
miroir narcissique pour les vrais et les faux artistes (Treplev, Nina, Trigorine, Arkadina).

3. *La réalité quotidienne*

Ces réseaux de résonances profondes, d'énigmes insolubles, de figures existentielles ne masquent pas les allusions à la vie quotidienne et à la situation matérielle de chacun. Ces notations prosaïques sont faites d'ailleurs au moment où un personnage et une situation sont en proie à un délire idéaliste ou « romantique ». On apprend, par exemple, que le domaine est mal géré, que Sorine est ruiné, tandis que son intendant s'enrichit à ses dépens (p. 61). Treplev est le fils d'un petit-bourgeois de Kiev (p. 19) ; sa mère s'est déclassée en épousant ce bourgeois, d'où ses reproches au fils (p. 64). Son avarice, comme le suggère Sorine (p. 60), est une cause essentielle de la neurasthénie du jeune homme. Dorn n'a rien économisé en trente ans de pratique (p. 77). Les chevaux, dont il est souvent question, sont absents (p. 43) ou indisponibles (p. 77) : la société perd son art de vivre. Bien d'autres détails matériels identiques viennent compléter ce tableau socio-économique de la Russie tsariste de la fin du siècle. Le courant souterrain symboliste et le souci de la fresque réaliste sont tous deux inscrits dans le texte : leur co-présence ne laisse pas d'étonner. Toute lecture ou toute mise en scène qui opte pour le seul symbolisme ou le seul naturalisme fait fausse route ou ne parcourt au mieux que la moitié du chemin. L'alternative, figurée autrefois par le conflit esthétique entre le naturalisme de Stanislavski et le symbolisme du « théâtre d'atmosphère » de Meyerhold (1906) est à présent résolue par la plupart des metteurs en scène par le choix d'une voie moyenne, d'un « réalisme poétique » (Strehler) ou d'une abstraction symbolique à partir d'une réalité scénique historicisée (Pitoëff, Krejča, Pintilié).

4. Hamlet *et le théâtre*

Les références au théâtre et à *Hamlet* participent du
même souci de relier la fable aux grandes figures mythiques d'un texte classique. Tchékhov était fasciné par
cette pièce, au point d'écrire, à vingt-deux ans, un
compte rendu d'une mise en scène et de rédiger, en
1887, un vaudeville, *Hamlet, prince danois*, dont on ne
connaît plus que le titre. Les allusions explicites à la
pièce de Shakespeare (pp. 24, 47) ne sont pas l'essentiel
de l'emprunt. L'important, c'est l'identification de Treplev à la figure d'Hamlet et la symétrie des relations entre
les protagonistes des deux pièces. Leurs constellations
sont en partie superposables :

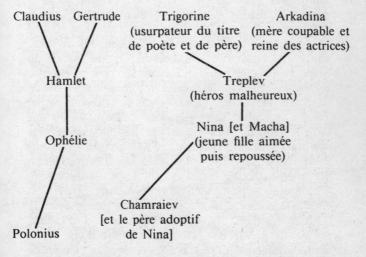

Claudius Gertrude   Trigorine   Arkadina
                       (usurpateur du titre   (mère coupable et
                        de poète et de père) reine des actrices)

       Hamlet   Treplev
                                 (héros malheureux)

       Ophélie   Nina [et Macha]
                           (jeune fille aimée
                              puis repoussée)

                       Chamraiev
                     [et le père adoptif
Polonius   de Nina]

Le parallélisme des constellations est suffisamment
probant pour qu'il soit inutile de dire la dette de Tchékhov à l'égard de « son seul maître, Shakespeare ». De

même que *Platonov* réécrit des passages entiers de *Hamlet*, *La Mouette* parodie ce texte au sens premier du terme : elle *réécrit*, transforme, déplace un texte antérieur. La seule communication possible entre Treplev et sa mère passe par une parodie, d'ailleurs très sérieuse, d'*Hamlet* où il est question de la culpabilité, du « vice » et du « crime » de la reine. L'allusion à la liaison extra-maritale d'Arkadina et de Trigorine est à peine voilée. La violente scène entre Treplev et sa mère (pp. 61-65) reprend les premiers reproches de Treplev-Hamlet à sa mère (p. 24) ; elle est calquée sur la grande scène d'*Hamlet* (III, 4). La rivalité de Treplev et Trigorine est triple : à propos d'Arkadina, de Nina et de la reconnaissance par la « cour » en tant qu'artiste émérite, Trigorine usurpe, aux yeux de Treplev, le pouvoir paternel et la puissance créatrice. En prenant la place du père, il castre l'écrivain.

La similarité avec *Hamlet* vaut également pour Nina, attirée elle aussi par l'eau, comme Ophélie, aimée du héros, puis rejetée sans explication. Son père lui interdit, comme Polonius, de fréquenter la « bohème » (p. 21) de cette cour dérangée. Macha — elle aussi repoussée par Treplev et noyant son chagrin dans l'alcool — est une seconde Ophélie. Elle est la fille de l'homme le plus sourd à l'humanité et à l'art (p. 86), Chamraiev : antithèse vivante de l'artiste inspiré, semblable à un Polonius d'opéra bouffe rabâchant ses souvenirs théâtraux.

La représentation théâtrale organisée par Treplev est censée, comme dans *Hamlet*, « tendre un piège à la conscience » (II, 2, v. 605) de Trigorine et d'Arkadina, prendre le public des estivants au piège d'une vérité inouïe, confondre les faux artistes et regagner l'amour de la mère. En réalité — autre ironie tragique — cette souricière prend le jeune auteur à son propre piège. Le « roi » abusif ne réagit pas, la « reine » n'y voit qu'une

plaisanterie sans conséquence (p. 27) et le jeune homme
se fâche... La tragédie de la vengeance se transforme en
une farce dont Treplev est la principale figure parodique : plus de duel, mais deux suicides — dont un manqué — et, pour couronner le tout, Nina séduite par le
père-poète usurpateur ! Treplev voit ainsi la référence à
l'œuvre majeure du théâtre occidental — un peu lourde
pour ses frêles épaules — se retourner ironiquement
contre lui. Les « nouvelles formes » l'emprisonnent dans
une pose et une prose autodestructrices.

Et pourtant, comme le dit Sorine, « on ne peut pas se
passer du théâtre » (p. 19). Tous sont attirés par lui
comme par le lac, les « professionnels » (Arkadina, Trigorine, Treplev, Nina) tout comme ceux qui sont fasci-
nés par ses mythes (Chamraiev, Dorn). Le théâtre est la
figure emblématique qui permet d'aborder toutes les
grandes questions humaines — qu'elles soient esthéti-
ques, sociologiques ou psychologiques. *La Mouette*, par
sa recherche continue du sens caché, ses références à la
littérature dramatique et la vie théâtrale contemporaine,
est une métapièce, une réflexion sur la poétique théâtrale et l'art, sur les rapports mystérieux entre la psycho-
logie et la création. C'est aussi, et en même temps, une
œuvre de circonstance, grâce à laquelle Tchékhov règle
de vieux comptes : et d'abord contre son « théâtre contemporain [qui] n'est que routine et préjugés » (p. 18)
dans sa prétention naturaliste à montrer le réel sans
médiation, comme un paysagiste incapable de décrire la
vie des hommes (Trigorine, p. 52), ensuite contre certaines tendances du théâtre symboliste (même s'il admi-
rait profondément Maeterlinck : Biographie, 1897), non
pas, comme on l'a cru longtemps les symbolistes russes,
car remarque L. Senelick « aucune pièce de symbolistes
russes n'avait été écrite en 1895 » (1977 : 212). Au lieu
de proposer, à travers un ou plusieurs personnages, sa

propre poétique du drame (qu'il expérimente *in vivo*
dans son texte), il confronte deux attitudes extrêmes tout
aussi funestes l'une que l'autre : le romantisme autodes-
tructeur de Treplev, l'utilitarisme fade de Trigorine.
L'artiste ne doit être ni maudit, ni mondain, il doit
avoir du *talent*. Le mot revient une dizaine de fois dans
les conversations, lorsqu'il s'agit d'évaluer le travail de
l'artiste (pp. 19, 34, 48, 51, 63, 67, 80). Il ne dit évidemment rien sur le contenu ou la forme de l'œuvre
créée avec talent (*cf.* Biographie : 1886). Le talent est
relatif, c'est la seule conclusion vers laquelle s'achemi-
nent, après tant d'épreuves, Treplev et Nina : « La
chose qui compte, ce ne sont pas les formes, vieilles ou
nouvelles, mais le fait que l'homme écrive sans penser à
aucune forme, qu'il écrive parce que cela coule librement de son âme » (p. 89). « Ce qui compte n'est pas la
gloire, pas l'éclat [...] mais savoir patienter » (p. 93). Il
est émouvant de constater que le théâtre a eu, pour
Tchékhov, cette même vertu cathartique et psycho-
dramatique. Car la réception de *La Mouette*, cata-
strophique, puis triomphale (à l'image d'ailleurs de toute
l'œuvre théâtrale tchékhovienne), rejoue l'histoire de
Treplev et de Nina, comme si ces deux phrases et ces
deux attitudes face à la vie et à l'art appartenaient à un
seul et même cycle. Ainsi la vie parfois met en abîme
l'œuvre d'art.

La pièce et son public

Trois témoignages

Il est à peine exagéré de dire que *La Mouette* ouvre
une ère nouvelle dans l'écriture dramatique et dans la
mise en scène naturaliste *et* symboliste. Elle est aussi
novatrice par son écriture que par la mise en scène

qu'elle réclame. Une telle pièce n'est rien encore si l'on n'imagine pas les éléments non verbaux qui accompagnent le texte : petits gestes révélateurs, silences et surtout regards échangés par les personnages : « Le charme [des spectacles tchékhoviens], écrit Stanislavski, est dissimulé dans les pauses, dans les regards des acteurs, dans le rayonnement de leurs émotions profondes. En même temps, tout ce qui est sur scène devient vivant : les objets morts, les sons, les décors, le personnage créé par l'acteur, l'ambiance même de la pièce s'animent » (*Ma vie dans l'art*, p. 280). Cette fameuse atmosphère tchékhovienne n'est pas tant créée par des silences ineffables ou des notations naturalistes que par la recherche d'un rythme de la représentation qui mette en valeur la composition spatiale, les échos, les connexions entre les fragments ou entre le dit et le non-dit. Trois témoignages de très grands metteurs en scène de l'œuvre tchékhovienne suffiront à faire comprendre cette importance du rythme.

STREHLER : « Tchékhov a un rythme à lui, intérieur, qui est ce qu'il est. Il faut le découvrir, au-delà de la langue, au-delà des habitudes, des rhétoriques, de nos fantaisies. Certes, c'est un rythme plus soutenu que celui que nous utilisions jadis. Il est plus fluide, moins "marqué", moins fataliste » (*Un théâtre pour la vie*, p. 318).

BROOK : « L'écriture de Tchékhov, extrêmement concentrée, emploie un minimum de mots, un peu à la manière de Pinter ou Beckett. Comme chez eux, c'est la construction qui compte, le rythme, cette poésie purement théâtrale du mot juste au moment juste, sur le ton juste. [...] Chez Tchékhov au contraire [de Shakespeare] les points, les virgules, les points de suspension sont

d'une importance primordiale, aussi primordiale que
"les temps" chez Beckett. Si on ne les observe pas, on
perd le rythme de la pièce et ses tensions » (Postface à
La Cerisaie, pp. 108-109).

Tout un ensemble de signes rythment le défilement du
temps : les refrains, les échos, les chansons de Dorn, les
plaisanteries de Chamraiev, le leitmotiv de la mouette.
Sur cette trame déjà très précise, la mise en scène de
Stanislavski a inscrit une partition scénique d'une
infinie complexité, multipliant les signes, ralentissant
encore le rythme des dialogues, suggérant, dans les
silences, mille autres significations que le sens obvie,
d'autant plus que les non-slavistes ont tendance à faire
des points de suspension l'indice de pauses, alors qu'ils
n'indiquent souvent rien d'autre qu'une interruption
dans le discours direct...

VITEZ : « Stanislavski a su comprendre ce qu'il y avait
dans Tchékhov, que Tchékhov lui-même ne savait peut-
être pas bien — situation tout à fait courante. Tchékhov
lui-même n'aurait porté qu'une vue encore tradition-
nelle, une vision disons « à la française », conception très
répandue du théâtre de l'époque, finalement, et jusque
chez lui qui écrivait *un autre* théâtre » (*Silex*, pp. 81-82).

Ainsi — et c'est peut-être la marque du chef-d'œuvre
— la création échappe à la fois à son époque et à son
auteur pour mieux vivre d'une vie autonome, créer ses
propres références, exiger une réception originale, se
métamorphoser sous les yeux d'un nouveau public.

Une réception fluctuante

La réception de la pièce, comme de tout le théâtre tchékhovien, doit beaucoup aux mises en scène, influencées par le travail novateur de Stanislavski, et donc partagées entre un naturalisme et un symbolisme de l'« atmosphère » *(Nastroenie)*. « Tantôt Tchékhov est impressionniste, tantôt symboliste, réaliste quand il le faut, et parfois même presque naturaliste », écrit Stanislavski dans *Ma vie dans l'art* (*op. cit.* p. 282).

Malgré l'échec de la première représentation, malgré les réticences d'un Tolstoï, parlant de *La Mouette* comme « d'une absurdité sans valeur écrite à la manière d'Ibsen », où « les mots sont entassés les uns sur les autres, sans qu'on sache pourquoi », *La Mouette* s'est imposée comme la pièce fétiche de Tchékhov et du Théâtre d'Art dont elle est devenue l'emblème, une pièce que tout grand metteur en scène se doit de monter une fois au moins dans sa vie.

L'arrivée de *La Mouette*, en France, est due à Georges et Ludmilla Pitoëff qui, centrant la mise en scène sur le problème de la création artistique, surent adapter les références culturelles au contexte français, en se détachant de « l'appareil réaliste de Stanislavski », pour exprimer « ce qui reste éternel dans la poésie déjà légendaire de Tchékhov, sans sacrifier « l'intuition, le subconscient si pathétique dans l'âme slave » (*Silex*, p. 60).

La pièce a été reprise d'innombrables fois. Parmi les plus importantes mises en scène en France, il faut noter :

1922 - Georges Pitoëff, Théâtre des Champs-Élysées.
1939 - Georges Pitoëff, Théâtre des Mathurins.
1955 - André Barsacq, L'Atelier.
1967 - Gabriel Monnet, Comédie de Caen.

1969 - Antoine Vitez, Théâtre du Midi.

1975 - Lucian Pintilié, Théâtre de la Ville.

1978 - Bruno Bayen et L.C. Sirjac, Fabrique-Théâtre.

1980 - Otomar Krejča, Comédie-Française (*cf.* l'article d'Amiard-Chevrel, 1982).

1984 - Antoine Vitez, Chaillot (dans la présente traduction).

1985 - Jean-Claude Amyl, Théâtre de Boulogne-Billancourt (traduction de Marguerite Duras).

Dramaturgie

Le déroulement des actions

On observera la construction dramatique très savante, en dépit de l'apparent laisser-aller de l'intrigue. Au cours du premier acte, tous les conflits majeurs sont très vite mis en place. Malgré le désordre des conversations et des thèmes, l'acte contient une suite de points culminants : le théâtre dans le théâtre, et son échec, la colère de Treplev, la rencontre de Nina et de Trigorine, l'aveu de Macha. L'aspect kaléidoscopique des dialogues et la circulation rapide et ininterrompue des personnages n'entravent pas la construction très stricte des actions et l'entrelacement du thème artistique (comment doit être le théâtre ?) et du motif psychologique (comment être reconnu par la mère et l'amante ?). On réfléchira à la difficulté de figurer le lac dans la mise en scène, tout comme il est difficile, ainsi que le remarque Giorgio Strehler à propos de *La Cerisaie*, de figurer un symbole : « C'est *La Cerisaie* à proprement parler qui est le lieu de cristallisation de l'histoire, qui en est le "héros" ; et c'est justement pourquoi elle offre une énorme diffi-

culté d'interprétation. Ne pas la montrer, la laisser imaginer est une erreur. La montrer, la rendre sensible, en
est une autre » (*Un théâtre pour la vie*, p. 314).

A l'acte II, on se situe, conformément au schéma de la
dramaturgie classique, au moment où les conflits se
nouent, les retournements se préparent. Situé à midi,
près du lac « dans lequel un soleil étincelant se reflète »
(p. 37), il marque l'équilibre précaire du groupe,
avant le passage à l'acte, les départs et les catastrophes
finales.

L'acte III a lieu dans la salle à manger de Sorine, une
semaine après l'acte précédent. On retrouve les mêmes
protagonistes, sauf Dorn, comme s'il savait que Treplev
ne peut être guéri de ses blessures intérieures et que
quelques gouttes de valériane ne changeront pas le comportement des êtres. Ici on observe comment tout bas-
cule dans la vie des protagonistes : départs, velléités
d'émancipation (Sorine, Treplev, Trigorine), décisions
brusques de faire du théâtre ou de se revoir à Moscou.

Situé dans le salon de la maison de Sorine, un soir
d'orage, deux années après les précédentes, l'acte final
réunit l'ensemble des personnages à l'occasion de la
mort imminente de Sorine. Mais le décor a changé : le
lac est plein d'énormes vagues (p. 69), il fait noir, le
vieux théâtre prend des allures de fantôme hamlétien.
Une fois encore, la complicité entre Treplev et son oncle, qui « ne peut pas vivre sans lui » (p. 69), les réunit
dans l'antichambre de la mort. Mais Treplev n'aura pas
la patience d'attendre l'usure et l'ennui de la vie provinciale. Cet acte reprend comme en accéléré la plupart des
conflits, rejouant même pour Treplev l'alternance de
l'espoir et du découragement ponctué par le suicide.

L'architecture des quatre actes

L'architecture de la pièce est pour ainsi dire double, comme si l'ancienne dramaturgie (classique et fondée sur le développement continu de l'action) était encore visible sous les « formes nouvelles » de la structure apparente. La structure épique et statique de cette forme nouvelle se résume en quatre phases :

I Échec du théâtre et de la vie,

II Dégradation des relations personnelles et sociales,

III Indécision : partir ou rester, changer ou demeurer ?

IV Retour au point de départ et « résolution » en catastrophe.

A chaque acte correspondent un moment de crise et, en fin d'acte, un coup de théâtre. Tchékhov a pu écrire : « Je termine chaque acte comme mes récits : je le conduis doucement, paisiblement et, à la fin, pan ! sur la gueule du spectateur. »

	CRISE	COUP DE THÉÂTRE
I	protestation et révolte de Treplev	« J'aime Constantin » (p. 36)
II	protestation de Chamraiev	« Nous restons » (p. 53)
III	crise de jalousie du vieux couple	« Ma chérie ». *Baiser prolongé* (p. 71)
IV	reprise des conflits, arrivée de Nina	« Constantin s'est tué » (p. 95)

A travers la nouvelle structure épique, la peinture de la vie quotidienne et de ses échecs répétés, perce encore l'ancienne dramaturgie de la crise et du conflit : la pièce est centrée sur la tragédie de Treplev et présente une série d'actions : faire du théâtre, se fâcher, échanger des idées, se suicider, etc.

On note également un double déploiement du motif de l'échec. D'une part, I annonce et préfigure l'échec sentimental et artistique que II, III et IV ne font que rejouer et confirmer. D'autre part, IV reprend un instant, avec l'arrivée de Nina, le thème de l'espoir et de la rédemption par l'art, avant de reproduire les mêmes conflits et de les pousser à leur paroxysme, terminant l'action, malgré le suicide, sur le jeu de loto et donc, de l'aveu de Tchékhov, « en pianissimo, contrairement à toutes les règles de l'art dramatique » (A Souvorine, le 21 décembre 1895).

Ce qui domine le mouvement de cette *Mouette*, c'est donc une structure de la répétition et de ses névroses : compulsion à l'écriture (forcenée pour Trigorine, pulsionnelle pour Treplev), redoublement de l'espoir et de l'échec, des tentatives de suicide, recommencement des actions et des conversations banales des estivants, etc. Marx, qui s'y connaissait en tragédies, affirmait que l'histoire se répète toujours deux fois, d'abord comme tragédie, puis comme farce. C'est bien le sort de ces personnages, notamment de Treplev. On notera l'amertume de la farce et l'ironie du vaudeville qui frise le tragique.

Les conflits

Les conflits et le nœud gordien des relations personnelles sont dessinés d'entrée. Ils n'évoluent guère, hormis ceux liés à Nina et à sa transformation. A la différence de la pièce bien faite à la Ibsen, l'action de *La*

Mouette ne se présente pas comme une suite de conflits et de résolutions qui s'enchaînent inexorablement. Elle figure un conflit œdipal et esthétique, omniprésent et tout-puissant, qui enserre tous les personnages et qui, au lieu d'être tranché une fois pour toutes, est sans cesse évoqué, puis refoulé, jusqu'à une sorte d'usure de la trame dramatique. Les conflits n'opposent pas deux personnages, deux causes ; ils mettent aux prises la réalité et le désir, la réflexion et l'action. « Sous le couvert de l'inaction apparente des personnages se cache une action intérieure complexe » (Stanislavski, *Ma vie dans l'art*, p. 282). Le conflit s'en trouve miniaturisé, ramené au niveau de la petite histoire : celle de la famille, de la maisonnée, d'un microcosme social. Aucune philosophie — Treplev se fait fort de le rappeler au « philosophe » Dorn (p. 82) — ne saurait donner une réponse toute faite aux interrogations de l'homme. Si conflit il y a, il se situe entre les bribes de dialogues, agencés par Tchékhov avec la précision d'un travail de marqueterie ou, si l'on préfère la métaphore musicale, comme les motifs musicaux d'une symphonie de son ami Tchaïkovski. Les paroles, les silences, les bruits et les actions scéniques sont pris dans un réseau d'allusions, de citations, de reprises. Rien n'est laissé au hasard, contrairement au préjugé tenace selon lequel le dialogue tchékhovien s'enliserait par manque de direction ou de but. Au lieu donc de suivre l'intrigue selon les lois de la pièce bien faite, en fonction du développement des situations et des actions, mieux vaut mettre en évidence des séquences types qui s'organisent selon le principe du contraste et de la modulation : temps fort (affirmation ou crise) / temps faible (silence ou redite), annonce d'un thème / reprises modulées.

Le rythme des actions

De cette alternance entre temps forts et temps faibles découle un rythme des actions qui est fixé non par l'émergence de nouvelles actions ou de situations imprévues, mais par les habitudes de la vie sociale (arrivées/départs) ou bien par des personnages invisibles, mais influents (les parents de Nina) ou enfin par des actions qui ont lieu hors scène, entre les actes (ainsi la liaison de Nina et Trigorine, la tentative de suicide de Treplev). Les actions muettes et fugitives sont plus révélatrices que de longs discours : donner des fleurs (Nina, p. 46), les déchirer (Paulina, p. 46), priser du tabac (Macha), chantonner (Dorn). Ce n'est pas l'action en elle-même qui est importante, c'est sa réfraction dans le discours des locuteurs. « Ce ne sont pas, observe Stanislavski, les faits, c'est le point de vue des personnages sur ces faits qui devient le centre et le sens du spectacle. » Ces points de vue sont bien sûr choisis par le dramaturge selon un patient travail d'assemblage, de façon à faire dialoguer une série d'échos.

Questions et appréciations

On reviendra avec profit au jugement très sûr de Georges Pitoëff, lors de sa présentation de l'œuvre en France : « Dans ses pièces, Tchékhov nous fait aimer une société composée d'êtres insignifiants, représentants de la grande majorité. Mais ces êtres, précurseurs du grand bouleversement, portent en eux des germes de foi, d'ardeur, de génie, de résignation. C'est extérieurement seulement qu'ils sont insignifiants, mais le feu intérieur les dévore. Ils sont frères et sœurs des personnages de Dostoïevski. Seulement Dostoïevski condensait ses personnages, il les imaginait représentatifs, majorés, grossis. Ceux de Tchékhov sont vrais, ordinaires, et tous baignés de cette ironie du sourire inoubliable de Tchékhov » (*Notre théâtre*, p. 48).

L'œuvre dramatique de Tchékhov a pourtant connu des appréciations variées. On s'interrogera sur la réception fluctuante de cet auteur, notamment dans son pays d'origine. Tout de suite après la Révolution, avec l'esthétique anti-illusionniste ou d'agit-prop, on trouve Tchékhov démodé, trop statique et impressionniste (ainsi Maïakovski dans sa préface au *Mystère Bouffe* de 1921). Ensuite, dans les années 30 et jusqu'à aujourd'hui (grâce notamment à la causion morale de Gorki qui reconnaît à Tchékhov son honnêteté et son engagement), la politique culturelle officielle s'efforce, dans le cadre de la recherche des grands ancêtres du socialisme, d'en faire au contraire un pré-révolutionnaire, un auteur qui décrit une société en décomposition, annonce la Révolution et les lendemains qui chantent. C'est mal lire l'ironie qui imprègne les grands discours des personnages prophétiques (comme Trofimov dans *La Cerisaie* ou ici Treplev proclamant la nécessité des formes nouvelles, p. 19). La pièce d'ailleurs n'a pas été reprise par un théâtre soviétique important de 1905 à 1944. On cherche en vain dans *La Mouette* des héros positifs ou l'exposé de la moindre thèse. Même ceux qui travaillent « vraiment » (Medvedenko, Dorn, Chamraiev) ne proposent aucune solution ni recette. C'est si vrai qu'un auteur officiel comme Fadeev ou un commissaire du peuple comme Lounatcharski s'en inquiètent ouvertement : « N'avoir vu dans la réalité russe aucun ouvrier ou artisan hardi, intelligent, réfléchissant et cherchant, aucun paysan de caractère, aucun intellectuel du peuple convaincu, intelligent, fort, cela signifie tout de même rester jusqu'au dernier jour de sa vie à l'écart

du cours principal des luttes et des progrès » (Fadeev).
« Il est tellement évident qu'il n'y a pas d'issue, les
hommes-esclaves se débattent ou restent immobiles
dans un milieu tellement pesant et figé, que ça en
devient effrayant » (Lounatcharski).

Les travaux de la critique ne donnent, hélas ! qu'un
reflet assez pâle des recherches très variées de la mise en
scène. Cette critique est longtemps restée trop biographi-
que (Laffite, 1955 - Triolet, 1954) ou impressionniste
(Valency, 1966 - Styan, 1972). On consultera en revan-
che avec profit les travaux d'inspiration structuraliste
(Schmid, 1973 - Banu, 1978 - Hristić, 1982, Senelick,
1985), lesquels dépassent enfin la critique des samovars
et de l'âme russe, pour observer le fonctionnement très
technique et subtil du texte tchékhovien. Jovan Hristić
met en lumière l'introduction, avec Tchékhov, du temps
dans le drame, « le temps comme élément qui façonne
notre existence, mais aussi le temps dont nous pouvons
observer les effets sur la scène, et non pas seulement
dans je ne sais quel espace mystérieux et indéfini hors
de la scène et entre les actes » (p. 181). Et Sacha Pitoëff,
le fils de Ludmilla et Georges, saisit bien, dans ses mises
en scène comme dans ses textes critiques, que « la vertu
essentielle de l'écrivain c'est sa capacité de susciter
l'écho. Il tend l'oreille, laisse flotter son attention, note
un geste, un mot, et en renvoie les ondes au spectateur »
(*Silex*, n° 16, p. 73). Mais nul mieux que Vitez, dans ses
articles (*Silex*, n° 16) comme dans sa mise en scène de
La Mouette, n'a mieux mis en valeur la prolifération du
sens chez Tchékhov : « Absolument rien, pas un mot,
pas une indication de scène ne reste *sans sens*. Il y a
beaucoup plus de sens dans Tchékhov que dans la vie,
une obsession du sens : son style vise à donner du
monde et des conversations ou des rapports entre les
gens une théorie » (p. 75).

Qu'il me soit permis ici de remercier Elena Pavis-Zahradniková pour ses remarques à propos du texte russe de la pièce.

Biographie

1860. 17 janvier — Naissance d'Anton Tchékhov à Taganrog, port de la mer d'Azov.

1867-1879. — Études primaires et secondaires à Taganrog dans des écoles très strictes. Il donne des leçons, fréquente le théâtre, rédige un journal d'élèves, écrit sa première pièce, aujourd'hui perdue : *Sans père.*

1876. — Le père de Tchékhov, poursuivi pour dettes, doit fuir pour Moscou.

1879. — Tchékhov s'inscrit à la faculté de médecine de Moscou. Pour aider sa famille, il écrit dans des revues humoristiques, sous divers pseudonymes.

1880. — Première nouvelle : *Lettre d'un propriétaire du Don à son savant voisin*, dans la revue humoristique *La Cigale.*

1882. — *Platonov* est refusé par le théâtre Maly. *Sur la grand-route* est interdit par la censure.

1884. — Fin de ses études médicales. Il exerce près de Moscou. Publie son premier recueil, *Les Contes de Melpomène.*

1885. — Rencontre le peintre paysagiste Isaac Levitane.

1886. — Collabore avec la revue très conformiste *Novoïe Vremia (Temps nouveaux)* dirigée par Souvorine qui sera plus tard son éditeur. Fait paraître un second recueil de récits, *Récits bariolés*. L'écrivain Grigovitch l'encourage à poursuivre sa carrière littéraire.

Le talent : « Si une personne a du talent, il le respectera, et lui sacrifiera la paix, les femmes, le vin et la vanité » (A son frère Nikolaï, mars 1886).

« Le saint des saints est pour moi le corps humain, la santé, l'esprit, le talent, l'inspiration, l'amour et la liberté absolue » (A A.N. Pleshchev, 4 octobre 1888).

1887. — Écrit *Ivanov*, joué non sans controverses au théâtre Korch à Moscou.

1888. — *L'Ours, Une demande en mariage.* A l'éditeur Souvorine, il écrit : « L'artiste ne doit pas être le juge de ses personnages et de ce qu'ils disent, mais seulement le témoin impartial : mon affaire est seulement d'avoir du talent, c'est-à-dire de savoir distinguer les indices importants de ceux qui sont insignifiants, de savoir mettre en lumière des personnages, parler leur langue. » Prix Pouchkine décerné par l'Académie pour *La Steppe*.

1889. — *Le Sauvage* ou *L'Esprit des bois*, au théâtre Abramova : échec public.

1890. — Voyage à travers la Sibérie jusqu'à Sakhaline où il visite les camps de forçats et recense la population. Il écrit pour *Temps nouveaux* ses *Lettres de Sibérie* et *L'Ile de Sakhaline* (1893). De *L'Esprit des bois*, il tire *Oncle Vania*. Écrit deux comédies : *Le Tragédien malgré lui* et *Une noce*.

1891. — Voyage en Italie. Publication du *Duel*.

1892. — S'installe à Melikhovo. Lutte contre la famine, soigne gratuitement les paysans les plus pauvres.

1893. — Fréquente Lika Mizinova qu'il ne se résout pas à épouser et en qui on a vu un modèle possible pour la Nina de *La Mouette*.

1894. — Second voyage à l'étranger et à Paris. Aggravation de son état de santé.

1895. — Épisode du médaillon offert par la romancière Lydia Avilova, contenant une citation de l'œuvre de Tchékhov : « Si un jour tu as besoin de ma vie, viens et prends-la. »

Oct.-nov. — Rédige *La Mouette*. « J'écris *La Mouette* non sans plaisir, bien que je me sente terriblement en faute quant aux conditions de la scène... C'est une comédie avec trois rôles de femmes et six rôles d'hommes. Quatre actes, un paysage (une vue sur un lac) ; beaucoup de discours sur la littérature, peu d'action, cinq tonnes d'amour. » (A Souvorine, 21 novembre 1895.)

1896. 6 oct. — Échec de la première de *La Mouette* au Théâtre Alexandrinski de Pétersbourg. Tchékhov s'enfuit au milieu du deuxième acte : « Il ne me semble pas que je sois destiné à être dramaturge. Pas de chance ! Mais je ne désespère pas, car je ne cesse d'écrire des nouvelles, c'est là un domaine où je me sens plus à l'aise. Tandis que lorsque j'écris une pièce, j'éprouve une inquiétude comme si quelqu'un me poussait dans le dos. » 21 oct. — Succès considérable de la pièce lors de la seconde représentation. Fait la connaissance de Stanislavski.

1897. — Hospitalisation. Est atteint de tuberculose pulmonaire. « Je lis Maeterlinck. J'ai lu *Les Aveugles, L'Intruse*, et je suis en train de lire "Aglavaine et Selysette". Ce sont des choses étranges et merveilleuses, ils me font grande impression et si j'avais un théâtre, je mettrai certainement en scène *Les Aveugles*. (A Souvorine.)

Fondation du Théâtre d'Art à Moscou par Stanislavski et Nemirovitch-Dantchenko. Voyage en France.

1898. 17 déc. — *La Mouette* est reprise au Théâtre d'Art de Moscou dans la mise en scène de Stanislavski. Son associé, Nimirovitch-Dantchenko avait demandé à Tchékhov l'autorisation de monter *La Mouette* en ces termes : « Je suis prêt à répondre sur ce que vous voudrez que ces drames et ces tragédies cachés dans chaque personnage de la pièce avec une mise en scène habile, non banale, et extraordinairement consciencieuse, toucheront aussi le public » (25 mai 1898).

Le public est très ému, le succès est considérable. Le journal *Novoïe Vremia* écrit, le 18 janvier 1899, à propos de la représentation de *La Mouette* par le Théâtre d'Art : « La dramaturgie entre dans une nouvelle étape. Beaucoup de batailles avec des représentants des formes finissantes de la théâtralité imaginaire nous attendent... ».

Tchékhov s'installe à Yalta.

1899. — Tchékhov assiste à une représentation de *La Mouette* : « son visage était loin de refléter une satisfaction intense » (Stanislavski, *Ma vie dans l'art*, p. 281). « Ce n'est pas mal, ça m'a intéressé », mais « je ne pouvais croire que c'était moi l'auteur » (lettre à M. Gorki).

26 oct. — Première d'*Oncle Vania* au Théâtre d'Art. Début de la publication des œuvres complètes chez A.F. Marks.

1900. — Tchékhov est élu à la section Belles-Lettres de l'Académie des sciences.

Avril. — Le Théâtre d'Art joue *Oncle Vania* et *La Mouette* à Sébastopol, en présence de l'auteur.

Août-oct. — Écrit *Les Trois Sœurs.*

1901. 31 janv. — Première des *Trois Sœurs* au Théâtre d'Art de Moscou. Grand succès.

25 mai. — Épouse l'actrice Olga Knipper.

1902. — Démissionne de l'Académie pour protester de l'éviction de Gorki.

1903. — Commence *La Cerisaie.* Dans une lettre à Olga Knipper où il juge ainsi les décadents et les symbolistes qui écrivent dans le style du Treplev de *La Mouette* : « J'ai lu *Le Monde de l'Art* où écrivent les gens nouveaux. Il produit une impression très vaine comme s'il était rédigé par des lycéens en colère. »

Juin. — Son théâtre est interdit par la censure dans le répertoire des théâtres populaires.

La Cerisaie est achevée en septembre. Némirovitch-Dantchenko et Stanislavski sont enthousiasmés.

1904. — Détérioration de son état de santé.

17 janv. — Première de *La Cerisaie*, avec Olga Knipper dans le rôle de Ranevskaia. Tchékhov réside à Yalta.

Voyage en Allemagne où il meurt le 2 juillet (à Badenweiler). Il est enterré à Moscou, le 9 juillet.

Bibliographie

AMIARD-CHEVREL, Claudine, « Sur *La Mouette*, mise en scène d'O. Krejča », *Les Voies de la création théâtrale*, Paris, C.N.R.S., vol. 10, 1982.

Banu Georges, « Ruptures dans l'espace de *La Mouette* », *Le Texte et la scène*, 1978.

Bristow, Eugène, *Anton Chekhov's Plays*, New York, Norton, 1977.

Gourfinkel, Nina, *Tchékhov*, Paris, Seghers.

Hristić, Jovan, *Le Théâtre de Tchékhov*, Lausanne, L'Age d'homme, 1982.

Jackson, Robert Louis (éd.), *Chekhov. A collection of Critical Essays*, Englewood Cliffs, Prentice-Hall, 1967.

Laffite, Sophie, *Tchékhov par lui-même*, Paris, Le Seuil, 1955.

Magarschack, David, *Chekhov the Dramatist*, London, Methuen, 1980.

Meyerhold, Vsevolod, « Lettres à Tchékhov », *Revue d'histoire du théâtre*, 1961, n° 4.

Meyerhold, Vsevolod, « Théâtre naturaliste et théâtre d'atmosphère » (1906).

Meyerhold, Sevalad, *Écrits sur le théâtre*, Lausanne, L'Age d'homme, 1973.

Pavis, Patrice, « Questions à la mise en scène de *La Mouette* d'Antoine Vitez », *Le Théâtre, modes d'approches*, A. Helbol (éd.), Université Libre de Bruxelles, 1986.

Schmid, Herta, *Strukturalistische Dramentheorie*, Kronberg, 1973.

Silex, n° 16, « Anton Tchékhov », 1980.

Stanislavski, C., *Ma vie dans l'art*, Lausanne, L'Age d'homme, 1980.

Styan, J.-L., *Chekhov in Performance*, Cambridge University Press, 1972.

Senelick, Laurence, « The Lake-Shore of Bohemia : The Seagull's Theatrical Context », *Educational Theatre Journal*, May 1977.

SENELICK, Laurence, *Anton Chekhov*, London, Macmillan, 1985.

SZONDI, Peter, *Théorie du drame moderne*, Lausanne, L'Age d'homme, 1983 (traduction de la version allemande, parue en 1956).

Théâtre en Europe, n° 2, 1983.

Travail théâtral, n° 26, hiver 1977.

TRIOLET, Elsa, *L'Histoire d'Anton Tchékhov*, Paris, Éditeurs Français Réunis, 1954.

TROYAT, Henri, *Tchékhov*, Paris, Flammarion, 1984.

VALENCY, Maurice, *The Breaking String : the Plays of Anton Chekhov*, New York, Oxford University Press, 1966.

VOLKOV, Nicolas, « Thèmes hamlétiens dans *La Mouette* de Tchékhov », *Revue d'histoire du théâtre*, 1965, n° 4.

Notes

Page 17.

1. Variante : parce que son homme de lettres pourrait s'in-
téresser à Zaretchnaïa. *(N.d.T.)*

Page 18.

1. Superstition selon laquelle il ne faut jamais faire brûler
trois bougies ou trois lampes, car cela porte malheur. Les
acteurs étaient particulièrement attachés à cette croyance.

Page 19.

1. Maupassant détestait en effet la tour Eiffel, symbole du
matérialisme et de la vulgarité moderne, affectionnant de déjeuner depuis son restaurant, le seul endroit de Paris où on n'ait
pas à la contempler.

2. Variante : mais elle fume, elle boit, elle vit ouvertement
avec cet homme de lettres. *(N.d.T.)*

3. Traduction du mot *meščane* qui désigne la petite bour-
geoisie, la moitié environ de la population des villes. Arkadina,
en épousant le père de Treplev, s'est donc déclassée ; elle en fait
d'ailleurs le reproche amer à son fils, au plus fort de la
colère.

Page 20.

1. Variante : quelle sorte d'homme est-ce, son homme de
lettres ? *(N.d.T.)*

2. Passage supprimé : il ne boit plus que de la bière et il ne
peut plus aimer que les femmes d'un certain âge. *(N.d.T.)*

Page 21.

1. Musique de Schumann sur le poème de Heine. *(N.d.T.)*

Page 23.

1. Début d'une romance de Prigoji sur un poème de Nékrassov. *(N.d.T.)*

2. Début d'une romance d'Aliabiev sur un poème de Krassov. *(N.d.T.)*

Page 24.

1. Personnage de la *Trilogie* de Soukhovo-Kobyline. *(N.d.T.)*

2. Acteur célèbre du Théâtre Maly (Petit Théâtre).

3. Chamraiev confond ici deux proverbes latins : *De gustibus non est disputandum* (On ne peut pas discuter des goûts) et *De mortuis aut bene aut nihil* (Des morts, ou en on dit du bien ou on ne dit rien).

Page 28.

1. Dorn cite ici le début d'un proverbe latin : « Jupiter tu te fâches, donc tu dois avoir tort. »

Page 30.

1. En français dans le texte.

2. En français dans le texte.

3. Forme d'un diminutif affectueux pour Constantin.

Page 31.

1. Chanteur du chœur du synode, l'organe le plus élevé de l'Église orthodoxe.

Page 33.

1. En français dans le texte. *(N.d.T.)*

Page 36.

1. Dans une première version, on apprenait à ce moment de la pièce que Dorn est le père de Macha. Sur le conseil de Némirovitch-Dantchenko, Tchékhov supprima cette allusion.

Page 38.

1. Début d'une *aria* dans le *Faust* de Gounod.

2. En français dans le texte.

Page 42.

1. Vin sucré, proche du sherry et bu comme apéritif.

Page 46.

1. En français dans le texte. *(N.d.T.)*

Page 51.

1. De cette œuvre, Roman Jakobson écrit dans ses *Notes préliminaires sur les voies de la poésie russe* : « Ce n'est pas un hasard, si c'est justement la littérature russe qui, par le thème et le titre même du roman de Tourguéniev, *Pères et Enfants*, a soufflé au monde la formule laconique de la lutte des générations. »

2. Tchékhov était l'ami et l'admirateur du peintre paysagiste Isaac Levitane. Celui-ci tenta de se suicider en octobre 1895 et Tchékhov se rendit à son chevet.

Page 52.

1. Agamemnon, héros légendaire de *L'Iliade*. Les héros de la guerre étaient transportés triomphalement sur un char tiré par la foule. Tchékhov connaît ce héros également à travers l'opérette d'Offenbach, *La Belle Hélène*.

Page 56.

1. Le russe précise qu'il a tenté de se tuer par balle.

Page 58.

1. En français dans le texte. *(N.d.T.)*
2. Texte russe : le *Zemstvo*. C'était un bâtiment administratif local.

Page 62.

1. Théâtres officiels de Saint-Pétersbourg ou de Moscou, par opposition aux théâtres privés.

Page 63.

1. Variante : ... pourquoi cet homme s'est-il mis entre toi et moi ? *(N.d.T.)*
2. Variante : C'est moi qui l'emmène hors d'ici. Notre relation, évidemment, ne peut pas te faire plaisir, mais tu es intel-

ligent et cultivé, j'ai le droit d'attendre de toi que tu respectes ma liberté.

Treplev : Je respecte ta liberté, mais permets-moi aussi d'être libre et de me comporter envers cet homme comme je veux. *(N.d.T.)*

Page 73.

1. Ainsi les gardiens des maisons de campagne signalaient leur ronde. *(N.d.T.)*

Page 76.

1. *Poud*, ancienne mesure russe : 16,38 kilos. *(N.d.T.)*

Page 78.

1. Début d'une romance de Chlovski, très populaire à l'époque. *(N.d.T.)*

2. En français dans le texte. *(N.d.T.)*

Page 80.

1. *Roussalka* (ou *Ondine*) est un poème dramatique inachevé de Pouchkine (1832).

Page 82.

1. Treplev utilise la forme respectueuse et non personnelle du nom de Macha.

2. Le texte russe parle de *Lovelace*, héros donjuanesque du roman *Clarisse Harlowe* de Richardson.

Page 83.

1. Le héros emprisonné par Louis XIV.

Page 89.

1. Tchékhov a utilisé ce même procédé dans sa nouvelle *Le Loup* (1886). Il le mentionne dans une lettre à son frère (10 mai 1886) comme un procédé facile.

Page 90.

1. Citation tirée du roman de Tourgueniev, *Roudine*, 1856.

Table

Table   160

Crédits photos

Harlingue-Viollet, p. 15 ; Viollet-Lipnitzki, p. 29, 41, 59, 69 ;
Enguerrand, p. 81

Composition réalisée par C.M.L., Montrouge.

IMPRIMÉ EN FRANCE PAR BRODARD ET TAUPIN
Usine de La Flèche (Sarthe).
Librairie Générale Française - 6, rue Pierre-Sarrazin - 75006 Paris.

ISBN : 2 - 253 - 03777 - X   ◈ 30/6123/1